平凡社新書
797

オペラでわかるヨーロッパ史

加藤浩子
KATŌ HIROKO

HEIBONSHA

はじめに

歴史を題材にしたオペラは数多い。《ドン・カルロ》《ボリス・ゴドゥノフ》《アンドレア・シェニエ》など、実在の人物をタイトルにしたオペラも少なくないが、《トスカ》のように主人公は創造の産物ながら、歴史的背景が重要なオペラもある。また《リゴレット》のように、掘り下げることで歴史の闇が見えるオペラも少なくない。

長い間、オペラは過去に題材を求めてきた。一六世紀の末にオペラが生まれてしばらくは、宮廷芸術だった事情もあって、神話や古代史が物語の常道だった。フランス革命を境に、オペラの客層が貴族からブルジョワへ変質すると、より観客になじみのある中世や近世の歴史ものが人気を得た。「現代もの」のオペラが現れるのは、一九世紀半ばに初演された《椿姫》くらいからである。

「現代もの」が登場しても、「時代もの」オペラの人気はすたれなかった。二一世紀の今でも、新作オペラが歴史や古典に題材を求めることはめずらしくない。小説や演劇同様、オペラにとっても歴史は物語とインスピレーションの宝庫なのだ。

歴史とオペラの関係を書いてみたい。しばらく前から、そう思っていた。今回、その機会を与えていただいてうれしく思っている。この小著では、歴史を主軸にして数多くのオペラを紹介するスタイルではなく、オペラのレパートリーとしてポピュラーな作品や、筆者にとって近しい作品を主に取り上げたので、ややアットランダムな内容になっている。ご理解いただければ幸いである。(注)

執筆にあたっては、史実とオペラの物語の違いを並べるだけではなく、作品成立当時の時代背景や、作り手である作曲家や台本作家、そしてオペラの原作者たちの心境や状況が作品にどう反映されているかについてもなるべく掘り下げるように留意した。歴史作品は、題材になっている時代と成立した時代という、二重の歴史を反映していると思うからだ。

それでは、オペラが開く華麗で深い歴史の奥へ、ようこそ。

注　より事典的に「歴史オペラ」を網羅した著作に、西原稔『世界史でたどる名作オペラ』(東京堂出版)がある。

オペラでわかるヨーロッパ史●目次

第二部　イギリス王室の舞台裏……105

写真提供＝筆者（特記されているものを除く）

本書に関わるヨーロッパ史上のできごと

イタリア　イギリス　フランス　スペイン(西)／ロシア(露)／スウェーデン(瑞)

1282　シチリアの晩鐘事件
1363　シモン・ボッカネグラ没（ジェノヴァ共和国　1096〜1797）
1457　フランチェスコ・フォスカリ没（ヴェネツィア共和国　697〜1797）
1509　ヘンリー8世即位（〜1547在位）、キャサリン・オブ・アラゴンと結婚
1515　フランソワ1世即位（〜1547在位）
1516　王女メアリー（後のメアリー1世）誕生
1530　マントヴァ、侯国から公国に昇格（フェデリーコ2世の時代）
1533　ヘンリー8世、アン・ブーリンと再婚、エリザベス（後のエリザベス1世）誕生
1534　ヘンリー8世、国王至上法を発令
1536　アン・ブーリン処刑、ヘンリー8世、ジェーン・シーモアと再婚
1537　王子エドワード誕生（のちのエドワード6世）
1547　ヘンリー8世没、エドワード6世即位（〜1553在位）
1553　エドワード6世没、メアリー1世即位（〜1558在位）
1556(西)　フェリペ2世即位（〜1598在位）
1558　メアリー1世没、エリザベス1世即位（〜1603在位）
1559　メアリー・ステュアート、フランス王妃に
1561　メアリー、スコットランドに帰国し、スコットランド女王に
1565　メアリー、ダーンリと再婚
1567　ダーンリ殺害、メアリー、ボスウェル伯と再婚

1568 メアリー、イングランドへ亡命、エリザベスに保護を求め、幽閉される
1568(西) ドン・カルロス没、ネーデルランドの反乱
1587 メアリー・ステュアート処刑
1591(露) 皇子ドミトリーの死
1598(露) ボリス・ゴドゥノフ即位（〜1605在位）
1601 ロバート・デヴルー処刑
1603 エリザベス1世没、ジェームズ1世、イングランドとスコットランドの王となる
1746(瑞) グスタフ3世即位（〜1792在位）
1789 バスチーユ襲撃、フランス革命勃発
1792(瑞) グスタフ3世暗殺事件
1793 ルイ16世とマリー・アントワネット処刑、ロベスピエールが権力を掌握
1794 アンドレ・シェニエ、およびコンピエーニュのカルメル会修道女たちの処刑。テルミドールのクーデターによりロベスピエール失脚
1796〜97 ナポレオンの第一次イタリア侵攻
1799 ナポレオン、権力を握る
1800 マレンゴの戦い
1814 ナポレオン失脚、王政復古、ウィーン会議（〜1815）
1815 ナポレオンの百日天下、ワーテルローの戦い
1830 七月革命
1847 マリー・デュプレシ没
1848 二月革命、デュマ＝フィス『椿姫』出版
1861 イタリア統一

第一部　イタリアの光と影

ミラノ・スカラ座

一　引き裂かれる島、報われない蜂起——シチリアの晩鐘／カヴァレリア・ルスティカーナ

《シチリアの晩鐘》

作曲　ジュゼッペ・ヴェルディ
台本　ウジェーヌ・スクリーブ、シャルル・デュヴェイリエ
初演　一八五五年　パリ、オペラ座

あらすじ

一三世紀、フランス占領下のシチリア、パレルモ。占領軍のフランス兵たちの横暴な振る舞いに、シチリア人は怒りを募らせている。彼らの心のよりどころは、殺されたかつてのシチリア王の妹、エレナ公女。彼女の恋人アッリーゴは投獄されていたが、フランスから派遣されたシチリア総督のモンフォルテはなぜか彼を解放する。実はアッリーゴは、モンフォルテが島の女性に産ませた息子だったが、アッリーゴはそのことを知らない。

亡命していた愛国者のプローチダが帰還し、エレナ公女ともども、アッリーゴを抱き込

んで蜂起を計画する。プローチダはフランス兵をけしかけて狼藉《ろうぜき》を働かせ、シチリア人の反感を煽《あお》ることに成功する。

モンフォルテに呼び出されたアッリーゴは、出生の秘密を知らされて苦悩する。一緒に暮らそうというモンフォルテの申し出は蹴ったものの、親子の情を感じた彼は、仮面舞踏会の場でモンフォルテの暗殺を企てたプローチダたち仲間をさえぎってしまう。プローチダやエレナ公女を投獄したモンフォルテは、父と呼んでくれれば彼らを許すとアッリーゴに迫る。うなずくアッリーゴ。モンフォルテは融和の象徴だとエレナ公女との結婚を許す。だがプローチダたちは蜂起を諦めてはいなかった。アッリーゴとエレナ公女の結婚式の日、晩鐘の音を合図に、プローチダに率いられたシチリア人たちはフランス兵に襲いかかるのだった。

《カヴァレリア・ルスティカーナ》

作曲　ピエトロ・マスカーニ
台本　ジョヴァンニ・タルジョーネ・トッツッティ、グイード・メナーシ
初演　一八九〇年　ローマ、コスタンツィ劇場

あらすじ

一九世紀末のシチリア、ヴィッツィーニ。居酒屋の息子トゥリッドゥはローラと恋仲だったが、兵役にとられている間に、ローラは資産家の馬車屋アルフィオと結婚してしまう。トゥリッドゥは腹立ちまぎれに村娘のサントゥッツァと親しくなるが、それをやっかんだローラは再びトゥリッドゥと逢い引きする仲になる。未婚の身で男性関係を持った罪の意識とローラへの嫉妬にさいなまれるサントゥッツァは、トゥリッドゥに突き放され、怒りのあまりアルフィオにすべてを打ち明ける。面子《めんつ》をつぶされたアルフィオはトゥリッドゥとの決闘に臨み、彼を倒すのだった。

シチリアを描き切ったオペラ

「シチリアは、イタリアではない」

イタリア半島、とくにまんなかから上に住むひとびとは、そう言う。

シチリアに住むひとびとも、同じだ。「イタリア統一」は、彼らにとって「イタリアによる征服」なのだときかされたことがある。

州都（シチリアは島全体でひとつの州）のパレルモや第二の都市カターニャなど、シチリアの大きな都市に聳《そび》える立派なオペラハウスは、ある意味「イタリアによる征服」の象徴だ。

映画『ゴッドファーザー・パートⅢ』の舞台になったことでも有名なパレルモのマッシモ劇場が完成したのは、統一後の一八九七年。こけら落としは、イタリア人にとっては「統一の英雄」と位置づけられているオペラ作曲家ジュゼッペ・ヴェルディ（一八一三〜一九〇一）最後のオペラ《ファルスタッフ》だった。その七年前に初演されて大ヒットとなったマスカーニの《カヴァレリア・ルスティカーナ》のように、シチリアを題材にした有名なオペラもあったにもかかわらず。

マッシモ劇場。中央の横断幕の上がロイヤルボックス

つまりマッシモ劇場は、はじめから「シチリア人」を対象としていないオペラハウスなのだ。豪華なロイヤルボックスは、統一イタリアの支配者となった北イタリア出身のサル

ディーニャ家の一族を迎えるために作られた。

今のマッシモ劇場の客層も、一般の「シチリア人」の範疇《はんちゅう》には入らない階層だ。定期会員の大半は、地主（多くは旧貴族）のような富裕層か、大学教授のような知識人階級。誰もが顔見知りで、開演前や休憩中の劇場は地元の社交場となる。彼らはふだんも、そのようなひととしかつき合わない。階級社会はイタリアに根強く残っているが、シチリアのそれはひときわなまなましい。

この劇場が、日本公演を行ったことが一度ある。演目は《カヴァレリア・ルスティカーナ》《道化師》のダブルビルと、《シチリアの晩鐘》。当時のマッシモ劇場総裁は言った。「《カヴァレリア》と《シチリア》の二作は、シチリアと切っても切り離せないオペラです。《カヴァレリア》は、シチリア人の感情を描いたオペラ。今でもこんな話は珍しくない。それに対して、《シチリアの晩鐘》は、まさにシチリアの歴史を描いたオペラなのです」。

《カヴァレリア・ルスティカーナ》は、イタリア・オペラの歴史において画期的な作品だった。上流階級の娯楽《ごらく》だったオペラの舞台に登場するなど考えられもしなかった、シチリアの田舎の貧しい村の、情痴の果ての殺人を扱った物語。原作は、やはりシチリア出身の作家ジョヴァンニ・ヴェルガの同名の短編小説である。自身は富裕な地主の家に生まれたヴェルガは、ヴィッツィーニという山のなかの寒村で実際に起こった事件を題材に、

《カヴァレリア》を書いた。ヴェルガはヴィッツィーニの広場に腰かけてゆきかうひとびとを眺め、この手の話を聞き集めたという。

邦訳でわずか十数ページのこの掌編小説は、凝縮されつくした言葉と息苦しいほどの緊迫感に満ちている。ヴェルガはこのような作品を書くことで、統一後のイタリアに「南」の実態を伝え、センセーションを巻き起こした。マスカーニのオペラも同様だった。オペラ《カヴァレリア・ルスティカーナ》は、甘美で劇的でセンチメンタルな音楽も相まって大ヒットし、今なおオペラハウスの人気レパートリーである。だがここに描かれているひとびと――馬車屋夫婦や居酒屋のおかみや兵役帰りのその息子――が、オペラハウスに足を踏み入れることはまずない。《カヴァレリア》は、オペラハウスの聴衆の立場から見ればいわば異国

《カヴァレリア・ルスティカーナ》の舞台のモデルとなったヴィッツィーニから望む風景

の物語なのだ。《カヴァレリア》に描かれた、村社会に組み込まれて生きる因習的なひとびとは、百年前のシチリアの実態だ（たぶん今でもそう変わらない）。地主と小作人に象徴される封建的な世界。その背景には、当然ながらシチリアの歴史がある。

文明の十字路としての宿命

シチリアの歴史は豊かだ。「イタリア」のなかでも他に類を見ないほどに。この地に流れた時の長さ、豊饒《ほうじょう》さは、島のあちこちに刻まれている。イタリアでもっとも美しい古代ギリシャ劇場も、屈指の豪華さを誇るモザイクも、指折りの大伽藍《だいがらん》も、シチリアにある。

だがそれは同時に、支配された歴史の遺物でもある。壮麗なモザイクはビザンチンの、縞《しま》模様の大聖堂はイスラムの影響だ。地中海のまんなか、文明の十字路に位置するシチリアは、さまざまな国に狙われ、奪われ、支配された。陽光とアーモンドの花がきらめく島の、それは宿命だった（極東の島国、それも東の大国とは太平洋で隔てられたおかげで侵略を免れてきた日本とはなんと違うことか！）。

支配者がさまざまだったように、被支配のかたちもまたさまざまだった。ローマ帝国の瓦解後、地中海ではゲルマン（カトリック）、ビザンチン（ギリシャ正教会）、アラブ（イスラム）がせめぎあったが、シチリアの黄金時代を築いたのは、一一世紀にこの島へやってきて、それまでの支配者だったアラブ人を追い出したノルマン人だった。彼らははじめ伯爵として、後には教皇に認められた「国王」としてシチリアに君臨する。ノルマン人は南イタリアにも進出し、一一三〇年、シチリアから南イタリアを傘下に収める「ノルマン・シチリア王国」が成立した。

ノルマン・シチリア王国の大きな特徴は、文明の十字路にふさわしく、異文化に寛容だったことにある。王妃はすべて外国から迎えられ、宮廷ではアラブ人やギリシャ人がゆきかった。アラブやギリシャの先進的な科学や芸術も積極的に取り入れられ、ラテン語やギリシャ語とならんでアラビア語やヘブライ語が使われて、シチリアは後に、ヨーロッパの近代を準備したとされる「一二世紀ルネッサンス」の震源地と評価される、西ヨーロッパ随一の先進国に躍《おど》り出た。パレルモに建ち並ぶ、アラブやビザンチンの影響の色濃い個性的な建築物——王宮

ヴィッツィーニの街角

パレルモの郊外に建つモンレアーレの大聖堂は豪奢なモザイク画で有名

やその付属礼拝堂であるパラティーナ礼拝堂、マルトラーナ教会、サン・カタルド教会、サン・ジョヴァンニ・デッリ・エレミティ教会といった建物は、ノルマン・シチリア王朝の国際趣味の賜物《たまもの》である。豪華なモザイク画で知られる、モンレアーレの大聖堂も。

しかしノルマン人の王国は、思わぬところからひびが入る。きっかけを作ったのは、ヴェルディの同名のオペラの題材にもなっている「レニャーノの戦い」（一一七六年）で北イタリアの都市同盟「ロンバルディア同盟」に敗れた神聖ローマ皇帝、「赤髭《あかひげ》王」ことフリードリヒ・バルバロッサだった。捲土重来《けんどちょうらい》を期した赤髭王は、ノルマン・シチリア王国に接近し、息子ハインリヒとシチリア王女コンスタンツァとの結婚を提案する。

赤髭王の野望は、狙い通り息子を通じて果たされた。一一八九年、ノルマン王グリエルモ二世が没すると、父の跡を継いで神聖ローマ皇帝ハインリヒ六世となっていたハインリヒが、王位継承権を主張してシチリア征服に乗り出した。ハインリヒが三二歳の若さで急逝すると、その息子フリードリヒ（イタリア名フェデリーコ）二世が後を継ぎ、シチリア王、そして神聖ローマ皇帝として戴冠《たいかん》。ドイツとイタリア、地中海東岸にまたがる広大な領土に君臨した。バルバロッサの孫としてドイツの血を引き、同時にノルマン・シチリア王国を代表する王であるグリエルモ二世の孫としてノルマンの血を引くフリードリヒは、パレルモに宮廷をおき、さまざまな分野の学者を集めて学芸を奨励し、ナポリ大学を創設するなど文化面でも豊饒な時代をもたらして、「世界の驚異」と呼ばれた。シチリアを愛した彼は、シチリア人にも愛されたのである。

だが豊かで多面的で寛容な地中海の王国の全盛期は短かった。一二五〇年にフリードリヒが世を去ると、かねてからシチリアを狙っていたローマ教皇の後押しで、南イタリアに領地を持っていたフランス王弟のアンジュー伯シャルルが、フリードリヒの子供たちを倒してシチリアを併合。「ナポリ・シチリア王」（後の両シチリア王国）として即位する。彼は宮廷をナポリへ遷《うつ》し、シチリアはビザンチン帝国など東方へ進出するための基地とみな

フランチェスコ・アイエツ『シチリアの晩禱』(1846年)

して、貴族から財産を没収し、農民には重税を課した。宮廷所在地として華麗な歴史を刻んだパレルモは、シチリアの代官すら住まない一地方都市に転落した。

オペラ《シチリアの晩鐘》の下敷きとなった「シチリアの晩鐘」と呼ばれる暴動は、このような状況のもと、パレルモで起こった。一二八二年の復活祭の月曜日、夕べの祈りを捧《ささ》げるためにサン・スピリト教会に集《つど》っていたシチリア人の若妻にフランス人兵士が戯れかかり、怒った夫に殺されたのだ。くすぶっていた反感はこれをきっかけに爆発し、およそ四千人のフランス人が犠牲になった。事件勃発《ぼっぱつ》のとき、晩禱《ばんとう》を告げる鐘の音が鳴り響いたので、暴動は「晩禱」または「晩鐘」事件と称されるようになる（以下「晩鐘」事件で統一）。争乱は風に煽られる山火事のように全島に広がり、一都市の反乱だとたかをくくっていたシャルルは、シチリアから追い出される羽目に追い込まれた。

事件は、たんなるシチリア人の反乱ではなかった。裏で、さまざまな国の思惑が渦巻いていたのである。大きな役割を果たしたのは、現在のスペイン北東部に位置し、ノルマン・シチリア王国から妃《きさき》を迎えていたアラゴン王国と、シャルルが狙っていたビザンチン帝国だった。フリードリヒ二世の孫娘であるコンスタンツァをめとっていたアラゴン王ペドロ三世は、シチリア王国の継承権を主張して島に攻め入り、アンジュー軍を駆逐《くちく》する。ビザンチン皇帝ミカエル八世は、資金提供というかたちでアラゴンとその同盟国を支援した。

彼らの橋渡しをしたとされる人物が、オペラにも登場するジョヴァンニ・ダ・プローチダである。フリードリヒ二世の宮廷侍医だったプローチダは、ノルマン・シチリア王国の滅亡後外国へ亡命し、各国の宮廷を渡り歩いて権力者と親しくなり、最後はアラゴンの宮廷に仕えて、ペドロ三世に大臣に取り立てられた。「晩鐘」事件勃発の前には何度かシチリアへ戻り、アンジュー支配への反感を煽る工作もしている。

しかし「晩鐘」事件とそれに続く戦いも空《むな》しく、独立王国シチリアの栄光が戻ることはなかった。事件の黒幕だったアラゴン王家が、いまや堂々とシチリアを手中にする。かつて同じ国だった南イタリアは、アンジュー家のもとにとどまった。

その後のシチリアは、決してヨーロッパの主役になることはなかった。一八世紀にはスペインのブルボン家による「両シチリア王国」が成立。都市国家が発達した北イタリアと異なり、土地貴族中心の南イタリアは、封建制度を引きずり、フランス革命の恩恵も受けなかった。支配され、奪われ、取り残されたまま、シチリアは現在に至っている。

ヴェルディ初めてのグランド・オペラ

《シチリアの晩鐘》は、パリのオペラ座の依頼で作曲されたオペラである。歴史上の事件を題材に、スペクタクル・シーンを散りばめたこの手のオペラは「グランド・オペラ」（フランス語で「グラント・ペラ」）と呼ばれ、当時のパリのオペラ座の定番だった。パリのオペラ座で成功することは、一九世紀のオペラ作曲家にとってひとつの頂点を極めることを意味したから、多くの作曲家がオペラ座からの依頼にとびつき、「グランド・オペラ」を書いた。台本は当然フランス語で制作されたが、ロッシーニやドニゼッティらイタリア人作曲家は、母国での上演を考えて初演後にイタリア語版を作っている。ヴェルディにとって《シチリアの晩鐘》は、本格的なグランド・オペラの第一作だった。

しかしこの物語は、彼が作曲することを前提に準備されたものではなかった。台本を書いたスクリーブとデュヴェイリエは、他の作曲家を念頭において書いたものの、オペラ化には至らなかった『アルバ（仏名アルブ）公爵』という台本を、設定を変えてヴェルディに提供したのである。『アルバ公爵』は、一六世紀のフランドルにおけるスペイン支配への抵抗運動をテーマにした作品だったが、それが「晩鐘事件」に置き換わったのだった。もっとも、『アルバ公爵』自体が、ドゥラヴィーニュという作家が書いた戯曲『シチリアの晩鐘』を下敷きにしていたので、設定はいわばもとに戻ったと言える。一八五五年に行われた初演はまずまずの成功を収め、同じ年に五〇回の上演を数えた。

ジュゼッペ・ヴェルディの肖像（ジョヴァンニ・ボルディーニ画、1886年）

だが当然ながら、いまだブルボン朝の占領下にあるイタリア国内での上演は難しかった。ヴェルディももちろんそのことは了解しており、同年の暮れに行われたイタリア初演に際しては、設定を一七世紀のポルトガルによる対スペイン独立戦争に置き換え、《ジョヴァンナ・デ・グスマン》とタイトルを変えたイタリア語版を作っている。現在上演されている《シチリアの晩鐘》はおもにイタリア語版だが、それはこの

《ジョヴァンナ・デ・グスマン》にもとづいている。

歴史オペラの常で、オペラ《シチリアの晩鐘》にはフィクションも少なくない。エレナ公女やアッリーゴをはじめ主要人物の多くは、実在の人物にヒントを得た部分もあるものの、創作されたキャラクターだ。唯一実在の人物と一致し、立場や行動も似通っている存在が、ジョヴァンニ・ダ・プローチダである。オペラのプローチダは「愛国の志士」として美化され、祖国への愛を歌う〈おお、パレルモ〉というアリアを与えられている。ヴェルディもプローチダには共感していたらしいが、自分の政治的メッセージを託《たく》したかどうかは分からない。

つくられた「イタリア統一」

《シチリアの晩鐘》は、世界のオペラハウスに定着しているレパートリーとはいえないが、イタリアではそれなりに上演頻度の高い作品である。劇場のオープニングや、イタリア統一××周年などといった記念の年にとりあげられることも少なくない。「イタリア」の歴史、それも他国支配に対する蜂起を扱っていることが、一九世紀のイタリア統一時に起こった「リソルジメント（イタリア統一運動）」としばしば重ね合わされるためだろう。

だが、これまで述べてきたような「シチリア」の歴史や状況を考えれば、「シチリアの晩鐘」事件を「イタリア」という国のできごととらえるのは難しいようにも思える。

シチリアが、「リソルジメント」に加わらなかったわけではない。それどころか、一時は主導的な役割も果たした。だが勝ち取った「統一」は、シチリアの夢見たそれではなかった。彼らは「統一」後も蜂起しなければならない立場に追い込まれたのだ。それも、絶望的なまでに。

イタリア統一の英雄といえば、第一に名前があがるのがジュゼッペ・ガリバルディ（一八〇七～一八八二）である。一八四八年の革命以来、独立戦争で活躍した武人ガリバルディは、一八六〇年、パレルモの反乱を助けるために「千人隊」と呼ばれた義勇兵とともにシチリアに上陸。破竹《はちく》の、また奇跡的な進撃で「両シチリア王国」に君臨していたブルボン家を追い出して、南イタリアの「統一」に手を貸した。統一の中心となっていた北イタリア・サルディーニャ王国の宰相カヴールは、ガリバルディの行動に脅威を感じ、国王ヴィットーリオ・エマヌエーレ二世とガリバルディの「邂逅《かいこう》」を演出して、ガリバルディが占領した南イタリアを、「イタリア国王」と認めたヴィットーリオ・エマヌエーレに差し出すようもくろんだ。こうしてなかば偶然に、イタリアは「統一」された。

ガリバルディがシチリアで快進撃を成し遂げられたのは、しかし偶然ではない。シチリアでは「晩鐘」事件の前にも似て、不満はくすぶっていた。一八四八年にヨーロッパに広がった一連の革命運動に、イタリアでいち早く反応したのもシチリアである。その年の一月、シチリア人は支配者フェルディナンド二世を追い出している（一年後にはふたたび征服されているが）。

一方ガリバルディも、サルディーニャ王国が先導した「統一」に不満を感じ、かつて夢見た人民による統一を、南イタリアから試みようとした。だからシチリア人は、ガリバルディの快進撃に喝采《かっさい》を送ったのである。一八六〇年五月、トラーパニに到着したガリバルディは、軍楽隊が演奏する《シチリアの晩鐘》の序曲で迎えられたという。熱狂は、同年暮れにシチリアを訪問したヴィットーリオ・エマヌエーレにも向けられた。

だが「統一」の実態は、サルディーニャ王国による吸収合併だった。もともとカヴールには、南イタリアを併合する気はなかったのだ。新生イタリアに適用されたのは、サルディーニャの法律だった。税金の負担はより重くなり、これまでなかった徴兵制が導入された。強引に兵隊にとられたシチリア人は驚き、怒り、軍を逃れたが、見つかった脱走兵は容赦《ようしゃ》なく殺された。ちなみに《カヴァレリア・ルスティカーナ》のトゥリッドゥは「兵役帰り」という設定だが、このような背景からも、これが統一後のシチリアの現状を描いた作品であることが分かる。

旧来の特権階級は、統一直前にサルディーニャによる統一を支持する側に回り、統一後もその勢力を保った。農業中心の経済構造は変わらず、加えて「北」の発展のために搾取された。絶望の淵《ふち》に追い込まれた農民は決起を繰り返し、弾圧される。彼らの裏で糸を引いたのは、やはりサルディーニャによる統一に反発するローマ教会だった。

統一後のなりゆきに失望したガリバルディは、「統一」の二年後、再度シチリアから進撃を企《くわだ》てるが、敗れ、捕らえられ、恩赦《おんしゃ》により釈放された。まるでシチリアそのものの運命のように。

すべては、ヴェルディのオペラより後に起こったできごとである。ヴェルディは晩年、哀れなイタリアの現状を嘆《なげ》いたが、彼自身は作曲家として手に入れた財産を元手に農場経営にも成功し、名士にして富裕層の仲間入りをしていた。彼の社会的地位は、シチリアの特権階級とそう変わらない。

そのヴェルディの、ほとんどの島民にはなじみのないシェイクスピアの原作による《ファルスタッフ》でこけら落としをしたマッシモ劇場は、「シチリア人」とはやはりかけ離れた世界なのである。

推薦ディスク（以下、原則としてDVDもしくはブルーレイ。CDなど音しかない場合はその旨を表記）

《シチリアの晩鐘》

◆ヌッチ、デッシー、アルミリアート、プレスティアほか　ザネッティ指揮　ピッツィ演出　パルマ王立歌劇場管弦楽団、合唱団　キングレコード

◆ザンカナーロ、ステューダー、ライモンディ、メリットほか　ムーティ指揮　ピッツィ演出　ミラノ・スカラ座管弦楽団、合唱団　コロムビア

◆イーメル、シュロット、ハロウトゥニアンほか　パッパーノ指揮　ヘアハイム演出　ロイヤル・オペラハウス管弦楽団、合唱団　ワーナークラシック
珍しいフランス語版。ヴェルディ生誕二百年にあたっての新制作。

《カヴァレリア・ルスティカーナ》

◆ドミンゴ、オブラスツォワ、ブルゾンほか　プレートル指揮　ゼッフィレッリ演出　ミラノ・スカラ座管弦楽団、合唱団（映画版）　ユニバーサル
作品の舞台であるシチリア島のヴィッツィーニにロケをした映画版。美しくも乾いた風景と残酷なドラマの対比が心に刺さる。

二　対立から和解へ、平民総督「理想化」の理由——シモン・ボッカネグラ

《シモン・ボッカネグラ》

作曲　ジュゼッペ・ヴェルディ
台本　フランチェスコ・マリア・ピアーヴェ、改訂版　アッリーゴ・ボーイト
初演　一八五七年　ヴェネツィア、フェニーチェ歌劇場
　　改訂版　一八八一年　ミラノ、スカラ座

あらすじ

一四世紀の北イタリア、ジェノヴァ共和国。海の防衛にあたる平民のシモン・ボッカネグラは、対立する教皇派の貴族フィエスコの娘マリアと恋に落ち、女児をもうけていた。娘の不始末に怒り狂ったフィエスコは、マリアを幽閉して死なせてしまう。和解を求めるシモンにフィエスコは女児を要求するが、行方不明になったとき、シモンとの絶縁を宣言する。マリアの死を知らないシモンは、平民仲間のパオロにマリアとの結婚をほのめか

されて総督候補にかつがれ、選出されるが、そのときマリアの死を知る。

二五年が過ぎた。シモンとマリアの遺児はアメーリアという名で、ジェノヴァの有力貴族グリマルディ家の養女になっていた。グリマルディ家の跡継ぎ娘が夭折《ようせつ》し、家を絶やさないため孤児の彼女が身代わりになったのだ。亡くなったグリマルディ家の当主に代わってアメーリアの面倒を見ていたのは、政敵として追放されたためにアンドレアと名を変えていたフィエスコだった。グリマルディ家も、アメーリアの恋人でアドルノ家の跡継ぎガブリエーレもまた、シモンと対立していた。

追放されているアメーリアの兄の釈放を告げにグリマルディ家を訪れたシモンは、アメーリアと話すうちに彼女が娘であると知る。父娘は再会を喜ぶが、政情を考えてこの事実を伏せることにした。一方パオロは、グリマルディ家の財産欲しさにアメーリアとの結婚をシモンに申し出るが拒絶され、腹いせにアメーリアを誘拐《ゆうかい》する。

ヴェネツィアとの和平を模索する議会に、フィエスコやガブリエーレに煽動《せんどう》された対立勢力が乱入した。争いをやめて和解をと訴えるシモン。誘拐先から脱出してきたアメーリアは、犯人はこの場にいるとほのめかす。彼女の誘拐がパオロの仕業と知るシモンは、一同の前で誘拐犯を呪うようパオロに命じる。

シモンを恨むパオロは、彼の水差しに毒を盛る。何も知らずに水を飲み、眠り込むシモン。パオロにそそのかされたガブリエーレはシモンを殺そうとするが、アメーリアにさえぎられる。アメーリアがシモンの娘と知り、後悔するガブリエーレ。シモンはふたりの結婚を許す。

結婚式の日、シモンの前にフィエスコが現れ、決着をつけようと迫るが、アメーリアは自分の娘であなたの孫だと告げられ、すべてを水に流す。パオロは刑場へ曳《ひ》かれ、毒が回ったシモンは、娘の腕のなかで息絶える。

北イタリアの典型的な港町

ジェノヴァは、イタリアの典型的な港町のひとつである。

入り組んだ海岸線と背後に迫る山。急坂が続く旧市街は隘路《あいろ》だらけで、建物の隙間から仰ぐ空は細く高い。港に面したわずかな土地を利用した町づくりは、やはり港町として華やかな歴史を持つナポリやアマルフィと似通う。山が多く、農業に適した土地が不足していたイタリアでは、ひとびとはしばしば富を求めて海へ出た。

ジェノヴァの街でまっさきに目につくのが、白と黒の縞模様の建物の数々である。通商がもたらしたイスラムの影響と、近隣で材料の石材が取れたために可能になった建築様式だ。

ジェノヴァの広場。教会や建物に、イスラムの影響を感じさせる白と黒の縞模様が見える

　もうひとつ特徴的なのが、イタリアの他の都市に比べて広場が少なく、小さいこと。同じ海の共和国でも、「国」への忠誠心が強かったヴェネツィアと違い、ジェノヴァではいくつかの家々が権力争いを繰り広げた。有力な一族は、広場を取り囲むように自分たちの邸宅を建て、広場ごと私物化した。ジェノヴァの広場のささやかさは、一族が集まるだけの空間があればよかったためだった。ヴェネツィアのサン・マルコ広場のような、公衆に向かって開かれた巨大で華やかな広場は、この町にはない。

　ジェノヴァが共和国としての形を整えたのは一一世紀。ヴェネツィア同様、十字軍をきっかけに、主にビザンチンとの通商で成功し、優秀な海軍に守られて、エーゲ海や黒海に拠点を構えて繁栄した。一三世紀から一四世紀にかけて国力はピークを迎え、ヴェネツィア、ミラノ、パリ、フィレンツェと並ぶヨーロッパの五大都市に数えられた。だが前述したように権力をめぐって有力者たちの内紛が絶えず、ときに外国勢力に助けを求めて、彼らの占領を許した。一六世紀以降はスペインの実質的な衛星国となるが、銀行業で繁栄し、第二の黄金期を謳歌《おうか》した。世界遺産に指定されているガリバルディ通りに建ち並ぶ豪壮な邸宅は、おおむねこの時代のものだ。

そのガリバルディ通りからほんの少し入った路地に、「シモン・ボッカネグラの生家跡」と書かれた文字を見ることができる。観光客で賑わうガリバルディ通りからほんの一〇メートルも離れていないのに、はげ落ちた壁面に、言われなければそれと分からないようなくすみ方で、その標識は貼りついている。男たちの気を引くため、昼夜の別なく路地に立ち続ける女たちを見下ろしながら。

ジェノヴァは港町だ。そう思う瞬間である。

政争の絶えなかったジェノヴァ

ジェノヴァの代名詞となった政争の主な当事者は、ドーリア、スピノラ、フィエスコ、

シモン・ボッカネグラの生家跡の看板

グリマルディの四家である。オペラにはこのうちフィエスコとグリマルディが登場するが、この二家は実は同盟関係で、ドーリア、スピノラの二家と敵対していた。敵対関係の背後には、当時のイタリアを二分していた、教皇派と皇帝派の対立があった。フィエスコとグリマルディは教皇派、ドーリアとスピノラは皇帝派に属する（ちなみにオペラでは、後者の二家の名前もちらりと出てくる）。オペラでは、教皇派であるフィエスコとグリマルディの一族（男子）は追放されているという設定だが、史実でも、彼らはシモンが総督に就任する数年前に追放されている。

絶え間ない抗争は彼らの体力を削ぎ、住民たちをうんざりさせた。その隙をついて表舞台に出てきたのが、経済力をつけた平民階級である。貴族階級が政治を独占していたヴェネツィアとは異なり、ジェノヴァでは平民が政権をうかがった。このような平民の台頭は、ジェノヴァに貴族対平民という別の火種をまくことにもなった。

初代総督に選ばれたシモン・ボッカネグラは、ジェノヴァの平民階級を代表する人物である。オペラでは彼の職業は「海賊（il corsaro）」とされているが、厳密にいえば「武装した船の船長」にあたる。私的な海軍の軍人といってもいいだろうか。ただし敵対勢力に対しては、海賊行為も働いた。ジェノヴァは装備や人材に関して「海軍」の先進国であり、海洋学校も創設されている。その土壌から、シモンのような有名人も生まれた。

ボッカネグラ家が歴史に現れるのは一〇世紀。政治的能力に長《た》けた一族で、シモンの大叔父だったグリエルモは、形式的ではあったものの平民でははじめての政権トップにあたる「市民隊長」に選出されている。グリエルモは黒海に進出するなどジェノヴァの版図《はんと》を広げるのに貢献したが、平民同士の対立に巻き込まれ、わずか一年で追放された。平民が政権を取れば取ったで、仲間内で争いが起こる、それがジェノヴァという街だった。

ヴェネツィアにならった「総督」の地位にシモンが選ばれたのは一三三九年。海運共和国ジェノヴァが、下り坂にさしかかったころだった。シモン選出の背後には、当時のジェノヴァの実権を握りながら、平民階級の不満を抑えるために、平民から「総督」を選ばざるを得ない立場に追い込まれた皇帝派（ドーリア、スピノラ）がいたから、権力抗争が避けられないのは必然だった。果たして間もなく教皇派が勢力を巻き返し、シモンは辞任を余儀なくされてピサへ亡命する。彼のいないジェノヴァでは、半世紀にわたって停戦していたヴェネツィアとの戦闘が再開され、インフレや飢餓《きが》が追い打ちをかけた。一三五六年に貴族と市民とのあいだを取り持つ名目で総督に復帰したシモンは、力で貴族を抑えつけ、しばらく平和を保ったが、一三六三年に毒殺された。後を襲ったのは、オペラと同じガブリエーレ・アドルノだった。

ロマンティシズムという調味料

オペラが史実に即しているのは人物の名前や役職や毒殺という結末くらいで、シモンをはじめ登場人物のキャラクターやその他の設定は大幅に書き変えられている。シモンとマリアの悲劇的な恋愛や（敵の家柄同士の恋、つまり動かせない障害にはばまれる恋は、一九世紀のオペラの土台となったメロドラマの常道である）、娘との感動的な別離や再会、情愛はもちろんフィクションだ。その点、次章の《二人のフォスカリ》とは大きく異なる。だが、人気オペラとまではいえないものの、世界中で上演され、ヴェルディの傑作として高く評価されているのは、フィクションがもたらしたロマンティックな色合いのせいでもある。史実はここでは、極端にいえばヒントに過ぎない。ほとんどの歴史オペラは、そのような前提で成り立っているのだけれど。

オペラの主人公シモンは、数あるオペラの男性主役のなかでも魅力的な人物のひとりである。若いころは情熱的な恋人で、老いては娘を思う父親であり（カトリックの父権社会においては、という条件がつくかもしれないが）、政治家としては無欲で、平和を追求する理想主義者。シモンはバリトン歌手の持ち役だが、多くのバリトンにとってあこがれの役だというのもうなずける。

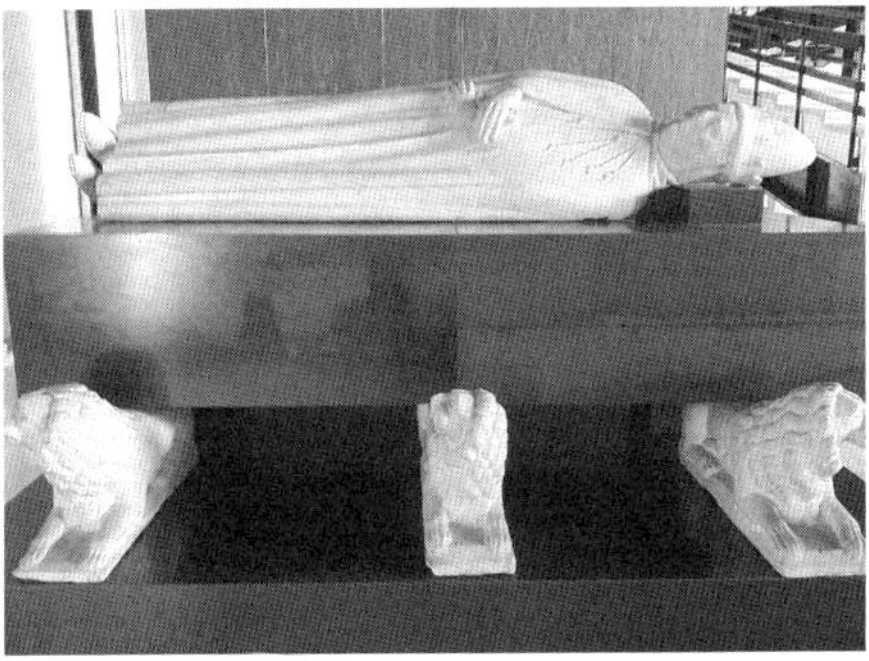

サンタゴスティーノ博物館にあるシモン・ボッカネグラの墓碑

だが実在のシモンは、少なくとも政治的にははるかに生臭い人間だった。失脚して亡命したときには、ミラノのヴィスコンティ家の助けを借りている。復職した後は独裁的に振る舞い、恨みを買って宴席で毒を盛られ、数日のあいだ苦しんで絶命した。次の総督ガブリエーレ・アドルノは、シモンに指名されて就任するというオペラの展開とは正反対で、彼の政敵であり、それまで痛めつけられた恨みを晴らすため、彼の功績を歴史から消してしまったという。

寛大で慈愛に満ちたオペラのシモン・ボッカネグラは、オペラの原作者であるスペインの作家グティエレス、そしてヴェルディと台本作者たちの創作だった。同名の修道院に隣接しているジェノヴァのサンタゴスティーノ博物館には、シモンの墓碑が展示されている。大理石の棺のうえに、やはり大理石でできたシモンの像が横たわっているのだが、その顔は無念さにかすかにゆがんでいるようにも見える。

オペラの下敷きとなった戯曲『シモン・ボッカネグラ』（一八四三）を著したアントーニオ・ガルシア・グティエレス（一八一三〜一八八四）は、スペインの軍人や政府高官としても活躍した人物である。彼の作品にもとづいたオペラとしては、やはりヴェルディが作曲した《イル・トロヴァトーレ》（オペラ初演一八五三年）がもっとも有名だろう。《トロヴァトーレ》も、そして《シモン》もそうだが、グティエレスはやや荒唐無稽《こうとうむけい》で幻想的な空気を持った典型的なロマン派の作風を得意とした。仕事の都合でジェノヴァに暮らしたことがあり、その際にジェノヴァの歴史とは切っても切り離せないシモンに興味を持ったらしい。

ヴェルディにとっても、ジェノヴァは馴染《なじ》みの街だった。冬は霧と厚い雲と寒さに閉ざされる北イタリアの平原に住んでいた彼は、冬を過ごすための別邸を温暖なジェノヴァに借りていた。ヴェルディが住んだ建物は今でも残るし、旧市街にあるカフェの老舗「クラインングーティ」には、彼自身の命名による「ファルスタッフ」（最後のオペラの名前）という甘いクロワッサンがある。《シモン・ボッカネグラ》には、寄せては返す海の波をあらわすような前奏曲や、絶命を前にしたシモンが海をしのんで歌う短いモノローグなど、海の香りがあちこちに満ちていて、ヴェルディが吸ったジェノヴァの空気を感じることができる。

大改訂と政治の関係

オペラ《シモン・ボッカネグラ》の大きなテーマはふたつある。「愛」と「政治」だ。その背景にあるのは、一四世紀のジェノヴァやシモンを通して浮かび上がる、作曲当時のヴェルディの、そしてイタリアの状況である。

《シモン・ボッカネグラ》は、初演からおよそ四半世紀後に大幅に改訂されている。現在上演されているのは、この改訂版だ。ふたつの版にはさまれた年月は、イタリアにとっては激動の時期だった。初演の四年後にはまがりなりにもイタリアの「統一」がなる。現在と同じローマが首都になったのは、改訂版が生まれる一四年前だった。ヴェルディは新生イタリアの名士として、はじめは下院、のちに上院の議員に選ばれている。政治家としてはおよそ熱心ではなかったし、上院議員は単なる名誉職にすぎなかったが。

改訂版の《シモン》は、初演版よりはるかに政治的な色あいが濃い。全曲のクライマックスのひとつである議会の場面は、改訂版でつけ加えられたものだ。ここでシモンは、詩人ペトラルカの手紙を引き合いに出して、対立しているヴェネツィアとの和解を説き、議会場に乱入してきた平民と貴族との争いをやめるよう訴える。彼が口火を切り、「平和」と愛を訴える合唱は、壮大な祈りの音楽のように美しい。

シモンの願いとはうらはらに、イタリアは「統一」の結果に苦しんでいた。そもそも「統一」といっても、フランスの助けを借りた北部のサルディーニャ王国を中心とした有力勢力が、偶然も手伝って半島の他国を吸収合併したようなものだったのだ。続く一〇年ほどの間に、独立していた教皇領と、オーストリア支配下にあったヴェネツィアも併合される。それもまた、外国の力を借りてのことだった。自国内での勢力の拡張のために外国勢力を引きずり込む構図は、ジェノヴァ共和国を彷彿《ほうふつ》とさせる。

もののはずみのような「統一」は、はじめから矛盾を抱えていた。現在でも尾を引く南北の貧富の格差（「南北問題」といわれる）は当初から足かせだった。イギリスやフランスなどと比べてイタリアの産業基盤は脆弱で、政府内では腐敗が横行し、貧富の差は縮まるどころか拡大し、農村では暴動が頻発した。統一の夢は破れたのだ。

《シモン》が改訂されたのは、そんな時代だった。多くの知識人同様、統一イタリアの現状に失望していたヴェルディは、シモンに政治家としての理想像を託したのではないだろうか。混沌とした当時のジェノヴァと、政情不安な新生イタリアは似通っているところがあるし、内部を平定するために、外国の介入が繰り返された点も共通している。シモンは、ヴェネツィアとの講和に反対する一同に、ジェノヴァもヴェネツィアも同じ「イタリア」だと説き、祖国への愛を通じて対立をやめるよう訴えるのだ。

ちなみにこの場面でシモンが紹介する詩人ペトラルカの手紙は実在する（ペトラルカはシモンの同時代人）。これを取り入れるよう進言したのは、改訂版の台本を書いた詩人で作曲家のアッリーゴ・ボーイトだった。この改訂の仕事でヴェルディの信頼を得たボーイトは、ふたつの傑作オペラ《オテッロ》と《ファルスタッフ》の台本を担当することになる。

ヴェルディの知られざる私生児

オペラのもうひとつのテーマである「愛」、とくに親子の「愛」についても、ヴェルディの思い入れを想像させるエピソードがある。ヴェルディのオペラでは、「父性愛」は大きな比重を占めている。とりわけ父と娘の愛や葛藤は、処女作の《オベルト》から最後のオペラの《ファルスタッフ》まで、ほとんどすべてのオペラに取り込まれている。ふたりの「父」が登場し、父と娘の再会のシーンが作品のハイライトで、その「娘」が、断絶していた実父と祖父との間を修復する役割を果たす《シモン・ボッカネグラ》は、「父と娘」

というテーマを極限にまで突き詰めたようなオペラだ。ヴェルディのオペラに頻出する父性愛は、『父』になりたいという彼の願望のあらわれ」だと、ヴェルディのオペラを得意とする名歌手のレオ・ヌッチは言う。

ヌッチが言うように、現実のヴェルディは、「父」としては恵まれない人生を送った。二三歳で結婚した最初の妻との間にふたりの子供をもうけるものの、ふたりは相次いで夭折。一つ年下の妻も、子供たちの後を追うように二六歳の若さで世を去る。二人目の妻で、人生の伴侶となったジュゼッピーナとの間には子供はなく、最終的に歳の離れた従妹を養子にして家を継がせることで、念願の「父」になり、家長になった。つまり、直系の子孫を残すことなく人生を終えたのだ。そんな彼の経験から、ヴェルディ・オペラに頻出する「父と娘」（ときに「父と息子」も）の愛や悲劇は、最初の結婚で男女ふたりの子供を喪《うしな》った経験からくるものではないか、としばしばいわれる。

だが、《シモン・ボッカネグラ》が初演された一八五七年は、ヴェルディが子供たちを喪ってすでに二〇年近くがたっている。二人目のパートナーであるジュゼッピーナと同棲を始めてからでも、一〇年近くが経過しているのだ。そんなときに、わざわざ昔の記憶を引っ張り出してくるだろうか。

そんな疑問に答えを与えてくれそうな本が、二〇一五年のはじめ、モンテカルロで出版された。著者は、ジャーナリストのジョヴァンニ・フェルマーニと、指揮者のシモーネ・フェルマーニ兄弟。彼らは、ヴェルディとジュゼッピーナの間に生まれ、棄《す》てられた女児のひ孫だと主張している。彼らの著書『ジュゼッペ・ヴェルディとフェッラーラの棄て子』によると、ヴェルディとジュゼッピーナは、同棲していた一八五一年の秋、生まれた子供を孤児院に棄て、その後里子に出して、間接的に面倒を見、結婚もさせて、子孫を残したというのである。

にわかには信じがたい話である。実際、この本はヴェルディの母国イタリアではほとんど話題になっていない。それはヴェルディが、イタリア人にとって「建国の父」的な存在であり、スキャンダラスな話が受け入れられにくいこともあるようだ。

だが、筆者は著者のひとりであるシモーネ・フェルマーニにも会った上で、本書の記述とあわせ、彼らがヴェルディとジュゼッピーナの末裔である可能性は高いと感じている。

なぜ、そう思うのか。

実は、当時のふたりには、子供を棄てる（棄てざるを得ない）動機が十分にあったのである。

原因の第一は、ジュゼッピーナにある。

ジュゼッピーナはもともと歌手だった。作曲家を父に持ち、頭脳明晰《めいせき》で社交にも長《た》け、声にも演技力にも恵まれていたという。ミラノの音楽院に学び、一九歳で歌手デビュー。ヴェルディと知り合ったころは、イタリアを代表するオペラハウスであるミラノのスカラ座の「プリマドンナ（第一の歌手）」として契約し、我が世の春を謳歌《おうか》していた。ふたりが接近したのは、ヴェルディの三作目のオペラで彼の出世作となった《ナブッコ》のヒロインを、ジュゼッピーナが歌ったことがきっかけだった。

だがジュゼッピーナの私生活は波乱万丈だった。マネージャーや歌手、劇場支配人など多くの男性と関係を持ち、未婚のまま、複数の男性との間に複数の子供をもうけていたのだ。子供たちは、あるいは里子に出され、あるいは孤児院に棄てられた。劇場の世界は、道徳的には一般の市民社会からはかけ離れていたため、女性歌手の醜聞は珍しいことではなく、また、少なくとも建前では婚前交渉を許さないカトリックの社会にあっては、私生児が闇に葬られるのもごく普通のことだった。ジュゼッピーナと同時代に活躍したエウジェニー・タドリーニというソプラノ歌手のように、貴族とのあいだにもうけたいわば不義の子を自分の手元に置いた勇気あるプリマドンナもまれにはいたが、あくまで例外だった。

そんなジュゼッピーナを受け入れ、人生をともにする決心をしたヴェルディだが、正式な結婚にはなかなか至らなかった。理由の第一は、やはりジュゼッピーナの過去だった。ふたりが第二の人生を過ごすことにしたヴェルディの郷里ブッセートは、典型的なイタリアの田舎町で、劇場のようないかがわしい世界にいた、しかも過去のある女を受け入れるような土地柄ではなかったのだ。偏見と無理解に悩まされたふたりは、まもなくブッセートを離れ、郊外のサンターガタに居を構える。今でもこの屋敷は現存するが、人里離れたという表現がぴったりの邸宅だ。家は高い塀に囲まれ、通りからはほとんど中の様子が分からない。ふたりは孤立して暮らす道を選んだように思える。

実は引っ越したとき、ジュゼッピーナは妊娠していたかもしれない——そのような説は、一九九〇年代に浮上した。きっかけは、アメリカの女流研究者フィリップス＝メッツが、近郊のクレモナの棄て子養育院で見つけた「サンタ・ストレッピーニ santa streppini」という名前の女児の洗礼証明書である。赤子は一八五一年の春に棄てられたが、それはふたりが郊外に引っ越した時期と一致する。もしふたりの間に子供ができたとしたら、さらなるスキャンダルを避けるために、ふたりが引っ越したのは理解できる。

ジュゼッピーナの伝記を著したイタリアの女流作家ガイア・セルヴァディオは、伝記のなかでフィリップス＝メッツの説を紹介したが、真偽については分からないとした（この問題について掘り下げたふたりがともに女性であることは、筆者には興味深く思える）。

だが、前述のフェルマーニ兄弟の著書『ジュゼッペ・ヴェルディとフェッラーラの棄て子』によれば、ふたりのあいだの子供は一八五一年一〇月に誕生し、フェッラーラの孤児

ヴェルディとジュゼッピーナの「娘」ルイジア・フィアンドリーニ

自らの出自を明かした『ジュゼッペ・ヴェルディとフェッラーラの棄て子』を手にするシモーネ・フェルマーニ氏

院に棄てられた。ふたりが引っ越したのは同年の春だから、フィリップス＝メッツが主張するように子供が春に生まれたとしたら、かなりあわただしい。フェルマーニ兄弟がいうように秋に生まれたなら、そのほうが自然ではないだろうか。

フェルマーニ兄弟は、女児の娘、つまり自分たちの祖母にあたる女性から、彼女の母、つまり彼らの曽祖母が、ヴェルディとジュゼッピーナの娘であり、ジュゼッピーナがたびたび娘を訪ねてきたという話を聞かされて育った。女児は「ルイジア・フィアンドリーニ Luisia Fiandrini」と名付けられたが、「ルイジア」は、子供の誕生の三ヶ月半ほど前に世を去ったヴェルディの母親のファーストネームである（姓の「フィアンドリーニ」は、ジュゼッピーナの父親である作曲家フェリチアーノ・ストレッポーニと同世代の作曲家、ベネデット・クレメンス・フィアンドリーニからとられたのではないかと推測されている）。

成人したフェルマーニ兄弟が、改めて自分たちの出自に関心を持ったきっかけは、前述したフィリップス＝メッツやセルヴァディオの著書である。兄弟は、彼女たちの記述で、ヴェルディとジュゼッピーナの子供が「チレッリ」という一族の庇護を受けて成長したことに注目した。なぜならジュゼッピーナの最初の子供にあたる男の子は、彼女のマネージャーだったカミッロ・チレッリとのあいだの子供であり、チレッリはジュゼッピーナとともに、里子に出されたこの男児の面倒を間接的に見ているのだ。一方で、その後ジュゼッピーナが産んだふたりの女児（それ以外にも死産で生まれた女児がひとりいることが確認されている）に関しては父親が不明であり、ジュゼッピーナはほとんど面倒を見なかった。長男と女児たちの運命の落差は、子供の父親の落差——それなりの力のある男性の子供か、父親が分からないか——と関係しているのではないだろうか。仮にヴェルディとジュゼッピーナのあいだに子供ができたとしたら、その処遇を、かつて同じ問題に直面した男性であるチレッリに頼んでも、おかしくはない。

実はルイジアが棄てられた孤児院は、チレッリの一族で、フェッラーラの判事兼公証人であるジュゼッペ・チレッリの家のすぐそばにあった。フェルマーニ兄弟は、ジュゼッピーナはジュゼッペ・チレッリの家で出産し、赤子をすぐ孤児院に棄てたのではないかと推測している。赤ん坊は棄てられた直後に、近所の助産婦に預けられた。その後もこの女児ルイジアは、陰に陽にチレッリ一族に見守られて成長する。ルイジアは、棄て子には稀なことに読み書きの教育を受け（当時のイタリアは農業国で、人口のほとんどは文盲だった）、結婚し、子孫を残した。結婚前に、ジュゼッペ・チレッリの家に女中奉公に出ていたこともある。もちろんジュゼッピーナは、たびたび「娘」に会いにやってきた。フェルマーニ兄弟の祖母は、「豪華な馬車に乗り」「上流階級の女性が着るような、ゆったりしたスカートの黒いドレスをまとった」「有名な来客」、つまり「ジュゼッピーナ・ストレッポーニ」が、「自分の母親に会うためたびたび家を訪れた」光景を、孫たちに繰り返し語りきかせた。兄弟の寝室には、曽祖母のポートレートがかかっていたが、それはジュゼッピーナが贔屓にしていたボローニャの写真店で制作されたものだった。フェルマーニ兄弟の祖母は、ポートレートは、ジュゼッピーナがルイジアを連れてボローニャに旅行したときに作らせたものだと語っていたという。当時、写真館でポートレートを作らせるなどということは、棄て子はもちろん、最終的にルイジアの里親になった小作人の家では、とても不可能な贅沢だった。

祖母の昔語り、棄て子には不釣り合いなポートレート、棄て子の運命を仕切った「チレッリ」一族……。フェルマーニ兄弟は、このような状況証拠を積み重ねることで、自分たちの出自がヴェルディとジュゼッピーナに遡《さかのぼ》れるのではないか、という推論を展開している。DNA鑑定などを行ったわけではないので、科学的に証明はされていないが（兄弟は鑑定に応じるのはやぶさかではないといっているが、そのためにヴェルディの墓所を掘り起こしたりするのは難しそうだ）、繰り返しだが、筆者は兄弟がヴェルディとジュゼッピーナのひ孫である可能性は否定できないと感じている。

シモーネ・フェルマーニ氏によると、ジュゼッピーナは何度も、一緒に住まないかとルイジアに声をかけたという。だがルイジアは拒んだ。「私は一度棄てられたのだから」というのが、その理由だった。シモーネ氏によれば、ヴェルディはルイジアに断られたから、年の離れた従妹を養子に迎えたのだという。一説（というより風の噂のようなもの）によれば、その養女もヴェルディが女中に産ませた子供ではないか、というのだが……。

読者の多くの方々は、将来を誓って同棲までしている男女が、なぜ子供を棄てるのか不思議に思われるかもしれない。けれど、本人同士がパートナーと決めていても、神の前で認められていない男女のあいだに生まれた子供は、保守的なイタリアのカトリック（それも市民道徳が厳しかった一九世紀）のもとでは私生児でしかなかった。さらなるスキャンダルを避けるため、そして作曲家として国際的な名声を獲得しつつあったヴェルディのキャリア――ルイジアが生まれたとされる一八五一年は、彼の名声を決定づけた傑作《リゴレット》が初演された年である——に疵がつくことを恐れて、子供を棄てる決心をしたとしても不自然ではない。ヴェルディの両親、とくに父親はふたりの関係に反対だったが、ジュゼッピーナが妊娠したとすれば、亀裂は決定的なものになったはずだ。ブッセートから引っ越す決断をしてもうなずける。

《シモン・ボッカネグラ》が初演されたのは、ルイジアが生まれて六年後。娘を棄てた記憶はまだ新しく、一緒に住むことはかなわず、父親との確執はまだ続いていた。《シモン》の父娘の再会や、義理の父子の和解の音楽が天国にいるように感動的なのは、ひょっとしたらヴェルディ自身の体験も関係しているのかもしれないと想像するのは、本作を愛する人間にとって甘美な誘惑である。

実のところ、私生児も棄て子も、イタリアでは珍しいことではまったくない。娼婦の町として知られた一八世紀のヴェネツィアで、ヴィヴァルディが指揮していたのは、棄て子養育院の少女たちによる楽団だった。モーツァルトのオペラ《フィガロの結婚》のフィガロは、作品のなかで自分が棄て子だったと明かす（だからこそ、従僕という社会的地位の低い仕事についていたということもできる）。ジャコモ・プッチーニの「孫」にあたり、現在、プッチーニ・フェスティバルの総裁をつとめているシモネッタ・プッチーニ女史は、プッチーニのひとり息子であるアントーニオが、正妻ではなく（正妻との間に子供はいない）愛人とのあいだにもうけた娘であり、プッチーニの死後に裁判所に名乗り出て認められた。イタリアが誇る偉大な演出家フランコ・ゼッフィレッリは、自伝のなかで私生児だったことを告白した。

イタリアは、私生児の国でもあるのだ。

推薦ディスク

◆ヌッチ、スカンディウッツィ、イヴェーリほか　カッレガーリ指揮　ガッリョーネ演出　パルマ王立歌劇場管弦楽団、合唱団　キングレコード

現代最高のヴェルディ・バリトンにして、「ヴェルディの父」の役柄に最高の適性を発揮するヌッチがシモンを歌っている名盤。

◆カップッチッリ、ギャウロフ、フレーニほか　アッバード指揮　ミラノ・スカラ座管弦楽団、合唱団　グラモフォン（CD）

本作を復活させた立役者、故クラウディオ・アッバードによる名演。

三　有力にして無力な「ヴェネツィア共和国総督」——二人のフォスカリ

《二人のフォスカリ》

作曲　ジュゼッペ・ヴェルディ
台本　フランチェスコ・マリア・ピアーヴェ
初演　一八四四年　ローマ、アルジェンティーナ劇場

あらすじ

一五世紀のヴェネツィア。総督フランチェスコ・フォスカリは、息子のヤコポが反逆罪で投獄されたことに苦しんでいた。実はヤコポは無罪で、政敵ロレダーノの策略にはめられたのだが、最高決定機関である十人委員会の決定には総督といえども従わなければならないのだ。ヤコポの妻ルクレツィアは、夫を救えない義父のフランチェスコをなじる。フランチェスコは牢獄で息子と面会し、別れを告げる。

ヤコポが裁きの場に引き出されたところに、ルクレツィアが子供たちを連れて現れ、慈

悲を乞うが、ロレダーノは流刑先へ出発するようヤコポを促す。彼を乗せたガレー船が出《しゅっ》帆《ぱん》したまさにそのとき、真犯人が名乗り出、ヤコポの無実が証明されるが、彼は苦悩のあまり船中で息絶えていた。悲しむフランチェスコに、十人委員会は解任の決定を告げる。憤激するフランチェスコ。その彼の耳に、後任の総督が選ばれた鐘の音が届く。度重なる悲運の衝撃に、老いた総督の心臓はもう耐えることができなかった。

もっとも高貴な共和国

海の都、ヴェネツィア。人工の島のうえに造られ、一千年以上にわたって独立した共和国として繁栄したこの街は、個性的な街の多いイタリアのなかでも、いや世界のあらゆる歴史ある街のなかでもひときわ際立った個性を放つ街である。迷路のような小径《こみち》を絶えず寸断する太鼓橋《たいこ》と、その合間に不意打ちのようにあらわれる広場、階ごとに様式が異なる窓や、水の瘴気《しょうき》にあてられてくすんだ色合いが歴史を物語る豪奢《ごうしゃ》な邸宅、さりげないファサードのなかに広がる黄金の歌劇場、質素な煉瓦《れんが》の表玄関が隠し持つ森林のような聖堂と華麗な祭壇画、昼日中でも喧噪《けんそう》を飲み込む運河の水、隘路の行き止まりに闇が口を開ける夜の奥。ヴェネツィアには、誰もが歴史の主人公になれそうな瞬間が満ちている。

大運河にかかるヴェネツィアの名橋、リアルト橋

島の大動脈である大運河は、豪華な邸宅がひしめきあう街の建築の見本市だ。なかでもひときわ目を惹《ひ》く壮麗な建物のひとつが、「サン・トマ」の近くに建つ「フォスカリ邸（ca foscari）」。現在は大学の建物として使われているが、もともとはヴェネツィアの最高権力者、総督（ドージェ）をつとめたフランチェスコ・フォスカリ（一三七三〜一四五七）が建てた館だ。煉瓦色のファサードには、白いレースのような意匠にくまどられたゴシック様式の窓が並び、晴れた日には運河から跳ね返る陽光にきらめく。

ローマ帝国が瓦解して以来、イタリアでは長年にわたって中小の国々が盛衰を繰り返した。ほとんどの国が、領土を広げては奪われ、ときに外国に蹂躙《じゅうりん》され、やがては他の国に吸

中央右奥がフォスカリ邸

収される運命を迎えたのに対し、ヴェネツィアは一八世紀の終わりにナポレオンに占領されるまで独立を守り通した。その大きな理由は、共和制にこだわり、強力な支配者を持たなかったことにあるだろう。全盛期のヴェネツィアでは、政治はすべて共和国国会と元老院を中心とした合議制で決められた。議員は貴族層に独占され、選挙でひんぱんに交代したが、その下には平民層による強力な官僚組織があって、実際の行政を支えていた。このようなシステムを完成させて以後、ヴェネツィアでは政府に対する反乱は起こらなかった。

共和国ヴェネツィアのトップは、有力者のなかから選挙で選ばれる終身制の元首である「総督」である。だが当初は最高権力者だった総督は、時代が下るにつれ、権力の集中や世襲を避ける工夫がこらされ、権力じたいも制限されるようになった。選出にあたっては異なるメンバーによる選挙が何度も繰り返され、政治的な決定には六人の補佐官のうち四人の同意が必要とされた。一方で、ヴェネツィアの重要な行事である「海との結婚」（ヴェネツィアを男性に、アドリア海を女性に見立てて、総督が金の指輪を海に投げ、海の安全を祈願する祭り）を執《と》り行うなど、象徴的な職務が大きなウェイトを占めるようになった。

ヴェネツィアに、フィレンツェのメディチ家やミラノのスフォルツァ家といった領主的な一族が生まれなかったのは、このような慎重なシステムによる。そのかわりヴェネツィアは、ヴィヴァルディやティツィアーノのような音楽や芸術の卓越した職人や、カサノヴァのような語り継がれる名物男を生み出した。

外部の宗教権力の介入を避けたことも、独立の維持に大きな役割を果たした。政治的介入を繰り返すローマ教皇（と教皇庁）の影響力を排除するために、共和国最大の教会であるサン・マルコ寺院を「総督の私的な礼拝堂」と位置づけたのである。カトリックの都市には、教皇庁から派遣される司教がつとめる「大聖堂（ドゥオモ）」があるが、ヴェネツィアは「私的な礼拝堂」という建前のもと、「大聖堂」を持たずに押し切った。

住民のあいだで共同体に属しているという意識が強かったのも、個人主義の強いイタリアでは珍しかった。貴族は政治、平民は行政と担当を分け、身分間の格差が少なかったことも、安定に貢献した。ヴェネツィアでは、（階層は違ったが）貴族も平民も同じ建物に住み、分け隔てなく交わったのである。「共和国」にふさわしい政体を完成させたヴェネツィアは、「もっとも高貴な共和国」と呼ばれ、尊敬されたのだった。

フォスカリ家の栄光と没落

フランチェスコ・フォスカリの肖像（ラッツァーロ・バスティアーニ画、1457〜60年ごろ）

フランチェスコ・フォスカリは、一四世紀から一五世紀にかけて訪れたヴェネツィアの全盛期を担った総督のひとりである。フォスカリ家は一〇世紀にはヴェネツィアの記録に登場し、一二世紀ころから勢力を拡大、一四世紀にはボヘミア王から伯爵の称号を得た。貿易で財をなした多くのヴェネツィア貴族と異なり、政治家として活躍した人物が多いのもフォスカリ家の特徴だ。二〇代から政治の世界で能力を発揮したフランチェスコは、五〇歳で総督に上り詰め、歴代総督の最長在任記録である三四年間にわたってその任務を果たした。彼は長年戦闘を繰り広げていたジェノヴァと講和し、またミラノと開戦して戦いを有利に進め、イタリア本土の領土を広げるなど、ヴェネツィアの勢力拡大に貢献した。

だがフランチェスコが歴史に記憶されているのは、私人としての悲運によるところが大きい。八四歳という長寿は、子供たちの多くに先立たれることをも意味した。四人の息子のうち唯一残ったヤコポは、贅沢《ぜいたく》好きで脇の甘い性格が災いし、敵対関係にあったミラノのスフォルツァ家から贈り物を貰ったことで罪に問われて追放される。父の取りなしで恩赦を受けたのもつかの間、おそらく政敵の陰謀で暗殺者の濡れ衣を着せられて、地中海に浮かぶクレタ島へ流され、流刑先で死亡した。取り残されたフランチェスコは、十人委員会から高齢を理由に辞職を迫られ、辞任後間もなく「フォスカリ館」で世を去った。彼はこの建物を一四五二年に購入し、建て直したのだが、ここに暮らしたのは解任後のわずか七日間だけだった。

フォスカリ父子の悲劇は広い関心を呼び、多くの芸術作品の題材となった。絵画の分野では、あのドラクロワや、一九世紀イタリア・ロマン派を代表する画家アイエッツが、十人委員会の裁きの場で父に慈悲《じひ》を乞うヤコポや妻子の姿を、劇的な歴史画に仕上げている。悲劇的な最期を迎えた総督としては、フランチェスコより一世紀ほど前に権力を一手に握ろうとクーデターを企てて失敗し、処刑されたマリーノ・ファリエーロも知られているが（ドニゼッティの同名のオペラの題材にもなっている）、ファリエーロの場合は実際に反逆を

フランチェスコ・アイエツ『二人のフォスカリ』（1852〜54年ごろ）

企てたのに対し、フォスカリ家の場合は冤《えん》罪《ざい》だったからより悲劇的だ。

フォスカリ父子を追いつめた十人委員会は、ファリエーロの事件に先立つ四〇年ほど前に起こった「ティエポロの乱」がきっかけで設立された、有力貴族たちによる治安維持組織である。ファリエーロの反乱は、十人委員会の権限を、総督であっても逆らえないほど強化する結果をもたらした。その点で、フォスカリ父子の運命にも影響を及ぼしたといえる。事実、ティエポロとファリエーロの乱以降、ヴェネツィアでは政府転覆を狙った陰謀は起こらなかった。

オペラ《二人のフォスカリ》の物語は、史実をほぼそのままなぞっている。原作は、イギリスの詩人ロード・バイロンの戯曲

ヴェネツィアを代表するオペラハウス、フェニーチェ歌劇場。フェニーチェはイタリア語で「不死鳥」の意

『二人のフォスカリ』だとされてきたが、オリジナルのシナリオが復元された結果、直接のベースになったのはイタリアの作家カルロ・マレンコの『フォスカリ一家』（一八三四）だという説が浮上した。実際は流刑先で没したヤコポが流刑地に送られる船上で憤《ふん》死《し》したり、史実では解任された数日後に亡くなったフランチェスコが、解任直後に、それも息子の死を知って絶命するといった、劇的効果を狙った多少の脚色はあるが、歴史的事件を扱ったオペラのほぼすべてに見られる荒唐無稽なフィクション（たとえば《ドン・カルロ》における義理の母と息子の恋愛）は取り入れられていない。さらに、この手のオペラには珍しく、登場人物はすべて実在の人物で、そのほとんどが名前や設定も含めて史実と一致する。ヤコポの妻ルクレツィアが、総督を何人も出した

ヴェネツィアの名門コンタリーニ家の出身であるのも事実だ。唯一歴史に名前が見られない敵役《かたきやく》のヤコポ・ロレダーノは、フランチェスコとの総督争いに敗れたピエトロ・ロレダンの甥で、ピエトロの死がフォスカリ家による毒殺と信じて復讐《ふくしゅう》を誓っていたフランチェスコ・ロレダンがモデルだと考えられる。ヴェルディは当初、この題材をヴェネツィアのフェニーチェ歌劇場に提案し、検閲《けんえつ》に引っかかって却下されている。ヴェネツィアの歴史の暗部を暴いた作品だから、当然だといえようか。事件に関係した一族の末裔は、まだ存続していたのだから。

ちなみにオペラの下敷きとなった、前述のマレンコの『フォスカリ一家』の存在は、フェニーチェ歌劇場に残る当初のシナリオを復元したことでつきとめられた。

作曲家のあこがれを集めた街

史実への接近は、オペラ《二人のフォスカリ》の強みでもあるが、弱みでもある。歴史を知るには興味深いが、娯楽作品としての面白さに欠けるのだ（ただしよけいな要素がない分、テーマを突き詰めてゆく迫力はあるが）。作曲したヴェルディも、「あまりにも単調」だと後に漏らしている。歴史に題材を求めた作品におけるフィクションと史実の擦り合わせは、分野を問わず避けて通れないジレンマだろう。

ヴェルディには、この題材に惹かれる理由があった。彼はシェイクスピアを尊敬していたが、なかでも一番惹かれていた作品が『リア王』だった（作曲することはついにかなわなかったが）。『リア王』も、『二人のフォスカリ』同様、父性愛が大きなテーマとなっている。ヴェルディのオペラにおいて、「父性愛」は欠かせない要素であることは、前章でも詳述した通りである。

ヴェネツィアは、オペラの都だった。この街を繁栄させた商人貴族たちは、君主たちの権威を演出する道具だったオペラを、入場料を払えば誰でも見られる公《おおやけ》の娯楽へと変貌させた。ヴェネツィアは劇場の街となり、それを目当ての観光客が押し寄せ、多くの劇作家や作曲家が成功と名声を求めて集まり、ヨーロッパ中で活躍する歌手を輩出した。全盛期が過ぎても、ワーグナーからストラヴィンスキーまで、この街にあこがれる作曲家は後を絶たなかった。ストラヴィンスキーはヴェネツィアに葬られることを願い、かなえられている。

劇場都市だったわりには、ヴェネツィアを舞台にしたオペラはあまりレパートリーに残っていない。有名なバレエ音楽〈時の踊り〉を含むポンキエッリの《ラ・ジョコンダ》、ワルツ王ヨハン・シュトラウス二世のオペレッタ《ヴェネツィアの夜》くらいだろうか。《ラ・ジョコンダ》は、一九世紀フランスのロマン派を代表する文豪で、オペラの題材にもよく取り上げられているヴィクトル・ユゴーの『パドヴァの暴君アンジェロ』にもとづき、舞台をヴェネツィアに移し替えた作品で、物語や登場人物はフィクションながら、ゴンドラ競漕（レガッタ）や仮面の扮装《ふんそう》、十人委員会の密偵という設定の悪役など、ヴェネツィアの雰囲気や風俗がうまく取り入れられたオペラである。ちなみに、原作の舞台であるパドヴァはヴェネツィア共和国に属していたので、当然ながら十人委員会の影響下にあった。原作者ユゴーの意図は、監視社会を生み出した十人委員会の権力のありかたを描くことにもあったようだ。《リゴレット》の原作になった『王は楽しむ』で、フランス国王フランソワ一世の専制君主ぶりを告発したように、ユゴーにとって「権力」は大きなテーマだった。

一方、史実にもとづいたオペラは、前述の《マリーノ・ファリエーロ》とこの《二人のフォスカリ》が代表格だが、いずれもマイナーにとどまっている。ただし《二人のフォスカリ》は、イタリアではそれなりに上演されている。前述したイタリアの名バリトン、レオ・ヌッチが老フォスカリを歌った公演で、彼が絶命する幕切れのアリアを、喝采に応えてアンコールしたモデナの劇場における公演は忘れられない（パルマの劇場で収録された推薦ディスクと同じプロダクション。ただしこのディスクにはアンコールは収録されていない）。

また近年、テノールからバリトンにレパートリーを移している名歌手プラシド・ドミンゴが、老フォスカリ役に取り組んでおり、アメリカやイギリスのオペラハウスで舞台にかかっている。

《二人のフォスカリ》は、オペラとしては単調な面もあるかもしれないが、「子供を喪った父の悲しみ」を描いて感動的であり、政治家と個人との葛藤も描き込まれた、心理劇としても注目に値する作品である。

推薦ディスク

◆ヌッチ、デ＝ピアジオ、セルジャンほか　レンゼッティ指揮　リー演出　パルマ王立歌劇場管弦楽団、合唱団　キングレコード

四 「宮廷道化」という存在――リゴレット

《リゴレット》

作曲 ジュゼッペ・ヴェルディ
台本 フランチェスコ・マリア・ピアーヴェ
初演 一八五一年 ヴェネツィア、フェニーチェ歌劇場

あらすじ

一六世紀、北イタリアのマントヴァ。放蕩者《ほうとうもの》の領主マントヴァ公爵に仕える道化師のリゴレットは、辛辣《しんらつ》な言動で廷臣《ていしん》たちの恨みを買っていた。公爵に娘を弄《もてあそ》ばれたモンテローネ伯爵は、加担したリゴレットに呪いを浴びせ、リゴレットは怯《おび》える。実は彼にはひとり娘のジルダがいるのだが、公爵たちの毒牙にかからないよう、人目を忍んで育てているのだった。だがリゴレットの心配も空しく、ジルダは教会で見かけた公爵と恋に落ちてしまう。

一方、リゴレットに恨みを抱く廷臣たちは、ジルダを彼の「情婦」と信じ込み、腹いせに彼女をさらって公爵に献上する。娘が公爵に陵辱《りょうじょく》されたと知ったリゴレットは、復讐しようと殺し屋を雇うが、公爵に惹かれるジルダは暗殺の計画を知って驚愕《きょうがく》。男装して殺し屋のもとを訪れ、身代わりとなって刺される。殺し屋から死体の入った袋を受け取り、復讐の成就を喜ぶリゴレットの耳に、公爵の鼻歌が届く。愕然《がくぜん》とした彼が袋を開くと、現れたのは瀕死のジルダだった。ジルダは許しを乞いながら息絶え、リゴレットはモンテローネの呪いを思い出して絶望する。

芸術化された「異形の道化師」

矮人《わいじん》。

スペインの画家ディエゴ・ベラスケス（一五九九～一六六〇）には、そう名づけられた作品が何枚もある。

小さく、バランスの悪い身体。子供のような、不思議な表情。異なる世界に住んでいることをうかがわせるたたずまいの人物も少なくない一方で、『矮人セバスティアン・デ・モーラ』のように、意志を感じさせる貌《かお》の持ち主もいる。小さな身体に押し込められた精神が、いまにも窮屈《きゅうくつ》なその身体をやぶってあふれだそうとしているかのように。

彼らは、「宮廷道化師」と呼ばれるひとびとである。身体や心の不具ゆえに面白がられ、王侯貴族に（ときに売り買いされて）雇われ、その玩具《がんぐ》となり、同じ宮殿で寝起きした。スペイン国王フェリペ四世の「家族」を描いたベラスケスの有名な傑作『ラス・メニーナス（女官たち）』には、画面の右手前にふたりの矮人が描き込まれており、彼らが「家族」の構成員だったことが分かる。このような不具者を雇うことで、王侯は彼らの「寛大さ」を示せるという計算も働いたらしい。『ラス・メニーナス』の主役は中央にいる王女マルゲリータだが、矮人たちは彼女の「遊び仲間」でもあった。彼らは子供たちの文字通り「おもちゃ」として遊び相手をつとめたが、ときには子供たちが受けるべきお仕置きを代わって受けさせられることもあった。

ベラスケスの『矮人セバスティアン・デ・モーラ』（1644年ごろ）。強い意志を感じさせる目が印象的

両者の関係は、『矮人を連れたド

ン・バルタザール・カルロス皇太子』によりはっきりとあらわれている。大きな頭に不釣り合いな小さな身体を豪華な衣装で包み、銀のガラガラを持たされて、身体をねじって皇太子を見ようとしている矮人の道化師と、すましてこちらを見ている幼子の皇太子。しかしこの作品を魅力的なものにしているのは、動きも表情も皇太子よりはるかに人間的な矮人だ。浮かべる表情も分からず、白くきめの細かい陶器のような肌をただただ輝かせているだけの皇太子は、ダイナミックな矮人のかたわらでは魂が抜けているようにすら見える。

不具なるものの存在に、人間の生命の息吹を吹き込んだベラスケス。同じことをオペラの世界で成し遂げたのは、ジュゼッペ・ヴェルディだった。オーストリアの作曲家アレクサンダー・ツェムリンスキーは、『ラス・メニーナス』にヒントを得て、我が身の醜《みにく》さに気づかず宮廷で弄ばれる矮人が、王女に恋してはじめて自分の醜悪さに気づく《こびと》（一九二二年初演）というオペラを書いたが、ヴェルディはそれより七〇年以上前に、異形の道化師に魂を吹き込んでいたのである。

権力者に雇われる道化師の存在は、古代ローマに遡る。中世末期には、宮廷道化師という職業が確立した。白痴を象徴する鶏冠帽をかぶった彼らの多くは、肉体または精神に奇形を持ち、宴席で笑いを提供し、また貴人の慰《なぐさ》みものになった。権力者たちの間には、彼らから罵言《ばげん》を浴びせられることで、悪魔の目を逃れ、災いを避けられるという俗信もあったという。また彼らは、権力者が表立って口にできないことを口にできる特権を持っていた。彼らの毒舌は、「道化の言うことだから」大目に見られたのである。一方で彼らのような「狂人」は、真理を告げ、予言の力を持つともされた。

道化師は文学や演劇でも活躍した。よく知られている例はシェイクスピア劇である。シェイクスピアは、ほんらいは悪役だった道化師に、風刺の役割を担わせた。シェイクスピア時代、つまりエリザベス朝の劇団で道化師を演じるような役者は、みな芸達者だったという。

《リゴレット》の主人公は、このような異形の――背中に瘤《こぶ》がある――「宮廷道化師」である。北イタリアの小国マントヴァの領主である公爵に雇われ、宮殿内に暮らすが、近くに隠れ家を持ち、ひとり娘のジルダを住まわせている。亡くなった妻の忘れ形見であるジルダは、二歳のころから他人に預けられて育ったが、孤独に悩むリゴレットは一六歳になった彼女を引き取り、自分の近くに住まわせることにした。リゴレットが娘を訪れてもそそくさと去って行くのは、宮殿内でのつとめがあるためである。娘に名前すら明かさないのも、卑《いや》しい仕事だという引け目があるからだ。

彼の「仕事」については、オペラの導入部で簡潔かつ巧みに紹介される。異形の道化師リゴレットは、宮廷人たちに蔑《さげす》まれて生きている。リゴレットの隠れ家に女性（実際は娘のジルダ）がいることを知った宮廷人たちは、「あんなせむしに女がいるのか！」と驚き呆れ、ばかにする。つまりリゴレットは人間以下の存在なのだ（ベラスケスの矮人を思い浮かべればよい）。そんな視線を浴びながら生きるリゴレットは、職業柄とはいえ廷臣たちに毒舌を吐くのでますます憎まれる。だが彼は同時に、公爵の本音の代弁者でもある。チェプラーノ伯爵の妻に言い寄る公爵は、夫の伯爵が邪魔で仕方がない。リゴレットは、いうことをきかない伯爵の「首を切ってしまえ」とそそのかす。「そんなことはできない」という公爵の本音は、実はリゴレットの言葉に近いはずだ。短い場面ながら、ここには、暗黙の了解となっている権力者と道化師の関係が鮮やかに描かれている。

そのような自分の職業を、リゴレットは人殺しと同じだと嘆く。「あちらは剣で、自分は言葉で人を殺す」のだ、と。とはいえ彼の心は身体同様ゆがんだままだ。この世でただひとりだけ愛を注ぐ対象である娘の前にいるとき以外は。結局はこのコントラストが、悲劇の引き金を引くことになるのだが。

異形の道化師。以前から演劇には欠かせなかったそのような存在が主人公に据《す》えられたのは《リゴレット》が、さらに言えばオペラの原作となったユゴーの戯曲『王は楽しむ』が初めてだった。

個性的なモデルたち

リゴレットにはモデルがいる。一五世紀の末から一六世紀にかけてフランスの宮廷につとめ、シャルル一二世とフランソワ一世というふたりの国王に仕えたトリブレ（本名フェリアル）という道化師である（一四七九～一五三六）。オペラのリゴレットは屈折した人物だが、実在のトリブレは大人になっても子供のように無邪気で、滑稽《こっけい》な踊りやものまねで周囲を楽しませたという。

マントヴァ公爵のモデルは、トリブレが仕えた国王のひとり、フランソワ一世（一四九四～一五四七）。歴史の上では、イタリア侵攻の際にダ・ヴィンチを連れ帰り、フランス・ルネッサンス文化を花開かせた王として名高い。ロワール渓谷の名城シャンボール城は、フランソワが建てさせた城である。

フランソワ1世（ジャン・クルーエ画、1530年ごろ、部分）

その一方でフランソワ一世は、オペラの公爵どうよう漁色家でもあった。ベッドを共にする特定の愛人が何人かいたほかに、手当たり次第に女性に手を出し、色の道の権威者を自称し、宮廷での会話はもちろん、演劇や絵画の題材も官能的なものを好んだ。それも彼に言わせれば、イタリアの風習を取り入れたに過ぎないのだった。フランソワ宮廷のこのような風俗や事件は、貴族ピエール・ブラントームが著した、フランス版『デカメロン』とでもいうべき『好色女傑伝』によって伝えられている。

悪名高い（?）フランス宮廷の公式寵姫《ちょうき》の習慣を始めたのもフランソワである。国、つまり支配者同士の都合で決められたヨーロッパの王族の結婚は、愛情などはじめから前提としておらず、嫡子《ちゃくし》をもうけることが目的だった。日本や中国と異なって側室の制度がなかったため、婚外恋愛も当たり前だったが、国王の愛人を正式に認め、彼女にかかわる出費を王廷費から出すという公式寵姫の制度はやはり画期的だった。彼女たちは公の場所にも王妃とならんで出席し、自分のサロンを開いて、ときに社交界の女王として君臨し、ときに外交官に匹敵する役割も果たした。後に歴史をにぎわせるモンテスパン侯爵夫人もポンパドゥール侯爵夫人も、ルイ一四世や一五世の公式寵姫に選ばれたことで社会の表舞台に躍り出たのである。

ちなみにフランソワ一世がはじめて「公式の寵姫」と認めた女性は、エタンプ公爵夫人ことアンヌ・ド・ピスルー・デイリー。アンヌは母后の女官だったが、身分が低かったので別の男性とめあわせ、夫に「エタンプ公爵」の称号を与えて彼女を「公爵夫人」とした。

王が亡くなるまで寵愛を独占したアンヌは、一族を出世させるなど権勢を振るっている。《リゴレット》には、アンヌにあたる女性は登場しない。が、オペラ、そして原作となったユゴーの戯曲『王は楽しむ』の物語の引き金となったのは、『好色女傑伝』に登場するフランソワ一世と、アンヌよりはるかに有名なある女性のエピソードである。

件《くだん》の女性は、ディアヌ・ド・ポワティエ。フランソワ一世の息子アンリ王太子、のちの国王アンリ二世の寵愛を長年にわたって独占し、国王即位後には公式の寵姫として、イタリアから輿入《こしい》れしてきた王妃カトリーヌ・ディ・メディシスに、長年にわたって煮え湯を飲ませた美女だ。しかもディアヌは、アンリよりおよそ二〇歳（！）も年上だった。衰えない美貌《びぼう》は常に宮廷の話題となり、上半身を起こしたまま眠る、（当時の宮廷人には珍しく）早寝早起きで、夜明け前に起きて乗馬をし、食事は少なめに、牛乳風呂に浸《つ》かる、黄金が入ったアンチエイジング剤を使うなど、彼女独自のさまざまな美容法が記録されている。

上演禁止の戯曲をオペラに

『王は楽しむ』のなかでディアヌが関係する「事件」は、ディアヌがまだ一〇代のころ、およそ四〇歳も年上のノルマンディ総督大貴族ブレゼ伯爵の妻だったときのできごとにさかのぼる。父のサン・ヴァリエ伯爵（オペラのモンテローネ伯爵）が、反乱の陰謀《いんぼう》をもちかけられた（応じなかったが）ことで捕らえられて死刑を宣告され、まさに処刑台に上ったところで恩赦を受けた。それは、「絶世の美女だった息女（ディアヌ）が、操《みさお》を捨てて父の生命を助けたからである」（小西茂也訳）。

『王は楽しむ』の第一幕で、公爵やトリブレら宮廷人一同の前に現れたサン・ヴァリエは言う。「一つの汚点もないポワティエの貴族に向かって何の容赦もなしに、ヴァロアのフランシス陛下は……あの頼りない娘、ポワティエのダイアナを冷ややかな抱擁《ほうよう》をもって蔑むために……彼女の婦徳の墓なる陛下の寝室へ卑劣にも連れていらしたのです（福士幸次郎訳）」。

原作の戯曲、そしてオペラ《リゴレット》には、サン・ヴァリエ（モンテローネ）の娘にあたる人物は登場しない。だが、トリブレ（リゴレット）がとらわれる「呪い」が、サン・ヴァリエ伯爵から発していることを考えると、舞台には現れないにせよ、ディアヌの役割は小さくない。『王は楽しむ』を書いたヴィクトル・ユゴーは、ディアヌとフランソワのこの逸話をヒントに、コントラストに満ちた強烈な物語を紡《つむ》ぎ出した。オペラや戯曲では触れられないが、ディアヌはこの事件後フランソワの愛人のひとりとなる。立場もあってか、公式寵姫のアンヌとは仲が悪く、フランソワが亡くなって自分が新国王アンリ二世の愛人になると、ディアヌはアンヌを追放している。

一八三二年一一月二二日に行われた『王は楽しむ』の初演は、大スキャンダルとなった。当時のフランスは、フランス革命後の反動体制である王政復古を経て、民衆の後押しで即位した「市民王」ルイ・フィリップが治める七月王政に移行しており（ユゴーはルイ・フィリップを「ブルジョワを代表する人物」と呼んだ）、王政復古時代よりはるかに自由な時代になってはいたが、それでも実在の王とその愛人の名前を出して、君主の放蕩を糾弾する内容は過激すぎた。加えて、さらわれた娘を返せと廷臣たちに迫るトリブレが、ひとりひとりに向かって、「妹」「妻」「母親」を陛下に献上したと告発し、「かわいそうな男の娘を下劣にも盗んで行く」「君らのような卑怯者」は、高貴な家柄の出であるわけがないから、「みんな私生児だ！」と罵《ののし》り、国王の放蕩と同時に貴族たちの堕落《だらく》を糾弾した場面は衝撃的だった。初演の翌日、ユゴーは上演禁止の通達を受け取る。

ヴェルディが、本国でお蔵入りになった『王は楽しむ』を、危険を承知でオペラの題材にしようと考えた大きな理由は、ユゴーが作り出した劇的効果に富んだ物語や、登場人物のキャラクターに魅せられたことにあった。とりわけトリブレについて、「シェイクスピアに匹敵する役柄」だと語っているのは注目に値する。ヴェルディはシェイクスピアに心酔しており、さまざまな作品をオペラ化しようと考えたが（最終的にオペラ化できたのは三作）、ちょうど《リゴレット》と前後して『リア王』のオペラ化を構想し、台本作家サルヴァトーレ・カンマラーノに台本の作成まで頼んでいるのだ。

それを知って《リゴレット》を見ると、『リア王』との共通点が目につく。『リア王』では、シェイクスピアの他の作品にも増して道化師――しかも宮廷の道化師――が重要な役回りを演じるし、娘を死なせた愚《おろ》かな父（リア王）のイメージは、リゴレットのそれと重なり合う。《リゴレット》のクライマックスは、嵐のなかで行われるジルダの殺害だが、『リア王』のクライマックスは、嵐のなかをさまよう王が、真実や風刺をないまぜにした鋭い言葉を吐きながら従う道化師に、狂気へと追いつめられてゆく場面だ。人間以下の宮廷道化師が、王を追いつめる。それは《リゴレット》も同じだ。

とはいえ、オペラの筋書きやキャラクターは、ユゴーの戯曲に忠実である。伝統的な約束事を廃して人物の感情をストレートにぶつけた戯曲『エルナニ』（この作品もヴェルディがオペラ化している）でセンセーションを巻き起こし、フランス・ロマン派の旗手となったユゴーは、グロテスクな人物やダイナミックな感情を描くことを好んだ。『王は楽しむ』の前年に発表された『ノートルダム・ド・パリ』では、トリブレの先駆のような異形の鐘つき男カジモドや、ジプシー女のエスメラルダが活躍する。ユゴーが創造したトリブレは、不格好で病気で笑い者の三重苦のために不幸になり、そのためひとびとを憎み、王を操《あやつ》って悪徳を教え込み、他方で愛する娘は美徳の世界で育てたのに、自分が手をかけた悪徳が美徳を滅ぼしてしまう「神の摂理」にさらされる人物だった。

マントヴァが舞台になった知られざる理由

心身のゆがんだ道化師が主人公。《リゴレット》はそれだけでも相当にインパクトが強い作品だった。オペラが初演されたフェニーチェ歌劇場があるヴェネツィアの検閲当局は、何度も物語に介入した。実在の人物は避けられ、それを連想させる場所や時代も移されて、フランソワ一世は北イタリアの小国「マントヴァの公爵」に、トリブレは架空の道化師「リゴレット」になった。当初予定されたカスティリオーネ伯爵はモンテローネ伯爵、チェプリアーノ伯爵はチェプラーノ伯爵と、実在の名前はすべてフィクションに変えられている。

マントヴァが舞台になったのは偶然だ。ものの本には、たいていそう書かれている。だが筆者には、そうは思えない。ヴェルディは「偶然」に何かをするようなひとではないからだ。

オペラの時代背景として設定されている一六世紀のマントヴァ公国を支配していたのは、ゴンザーガ家である。一四世紀以来、四世紀にわたってマントヴァを治めたゴンザーガ家は、湖や河川のある地の利を生かして交易で富を得、また肥沃《ひよく》な農地にも恵まれて繁栄した。とくに一五世紀末から一六世紀に在位したフランチェスコ二世の時代には、フェッラーラのエステ家から才媛《さいえん》の誉《ほま》れ高いイザベッラ・デステを妻に迎えて、文人や芸術家が集う華やかな宮廷を実現している。

だが光の陰には闇がある。実はゴンザーガの一族には、身体に瘤ができる奇病があった。イタリアの作家マリーア・ベロンチは、イザベッラ・デステの口を借りて、こう言わせている。ゴンザーガ家には「子供たちの小さな可愛い肉体の背中に大きな瘤ができる奇病の血」（飯田訳『ルネサンスの華（上）』一二四ページ）がある、と。ベロンチによれば、「その血はマラテスタ家からゴンザーガ家へ移された」。

この病は「くる病」である。遺伝性のものもあり、背が曲がる、つまりせむしの体型をもたらすことが知られている。ゴンザーガ家にこの「奇病の血」がもたらされたのは、フランチェスコ一世（一三六六〜一四〇七）が、リミニのマラテスタ家から妃マルゲリータを迎えたときだったようだ。

実は、リミニのマラテスタ家の「異形」も、オペラの題材になっている。一三世紀のリミニを舞台にしたリッカルド・ザンドナーイのオペラ《フランチェスカ・ダ・リミニ》（一九一二年初演）で、ポレンタ家のフランチェスカを妻に迎えるマラテスタ家のジャンチョットは、醜い身体を持つ設定になっているのだ。その背景には、おそらくマラテスタ家の病があるのではないだろうか。

ヴェルディと台本作者のピアーヴェは、当初「ゴンザーガ」の名前を使うつもりでいた。だが検閲の横やりが入り、「マントヴァの公爵」とするよう要求される。要請を受けたピアーヴェはヴェルディに、「あの時代に誰が施政者だったかは知られているので、われわれにとってはどうでもいいことです」と書き送ったのだった。

ちなみに、当時のマントヴァの支配者は、前出のイザベッラとフランチェスコ二世のあいだに生まれたフェデリーコ二世。政治的な駆け引きがうまく、ゴンザーガ家を侯爵から公爵へと引き上げた人物だったが、同時にフランソワ一世同様、放蕩者としても有名だった。彼は愛妾イザベッラのために、マントヴァ郊外に「テ宮殿」と呼ばれる豪華な邸宅を造営したが、この宮殿は、イタリアのマニエリスムの巨匠ジューリオ・ロマーノによる官能的な壁画で飾られている。「クピド（愛の神）とプシュケ（エロスの神）の間」と名づけられた一室では、神話伝説の有名な「愛」の場面が、肉感的な裸体を誇示しつつ、ところ狭しと描かれている。

「奇病の血」に、放蕩者の君主。オペラ《リゴレット》の舞台がマントヴァになったのは、「偶然」などではたぶんない。

マンテーニャの壁画『宮廷』(1474年、部分)。腰をかけているのがマントヴァ公爵夫妻、そのあいだには夫妻の子ふたりがいる

マントヴァで活躍した有名な画家に、アンドレア・マンテーニャ(一四三一～一五〇六)がいる。遠近法を大胆に取り入れた描き方などで、ルネッサンスを代表する画家に数えられる大家だ。

マンテーニャがマントヴァに残した代表作のひとつが、ドゥカーレ宮殿の「結婚の間」に描かれた、『宮廷』という名の壁画。ベラスケスの『ラス・メニーナス』同様、支配者の一家を描いた作品である。当時のマントヴァ公爵はロドヴィーコ三世。画面にはロドヴィーコと妻バルバラを含め、二一人の宮廷人が描かれている。夫妻にはさまれている男女の子供は、ふたりのあいだの嫡出子《ちゃくしゅつし》だ。

今から十数年前、はじめてこの作品を観たとき、現地のガイド嬢が筆者に囁《ささや》いた言葉は強烈だった。彼女は、左手にリンゴを持ち、右手を母親の膝に置いてこちらに横顔を向けている女の子をさして、「背中に瘤があるのが見えますか」と言ったのだ。

え？　戸惑っていた筆者に、ガイド嬢はだめ押しのように言葉を続けた。

「だから、《リゴレット》の舞台は、マントヴァになったのですよ」

白日夢ではなかった。少女の名前はパウラ。ロドヴィーコ夫妻の末っ子である。幼いころから虚弱で、やはり背中の瘤に悩んでいたという。「奇病の血」は、おそらく周知のところだったのだろう。

宮廷生活の恥部であった道化師と、ゴンザーガ家の宿痾《しゅくあ》だった「奇病の血」。《リゴレット》は、歴史の裏側をかいま見せてくれるオペラなのである。

推薦ディスク

◆ヌッチ、デムーロ、マチャイゼほか　ザネッティ指揮　サマリターニ演出　パルマ王立歌劇場管弦楽団、合唱団　キングレコード伝統的なプロダクション。主役のヌッチはリゴレットを当たり役とする当代最高のバリトン。第二幕のフィナーレでは喝采にこたえて二重唱がアンコールされている。

参考ディスク

◆ベチャワ、ダムラウ、ルチッチほか　マリオッティ指揮　メイヤー演出　メトロポリタン歌劇場管弦楽団、合唱団　グラモフォン

時代設定を一九六〇年代のラスベガスに変更したヴァージョン。リゴレットの職業はバーテンだ。娯楽作品としては楽しめるが、「異形の道化師」の苦しみは伝わりにくい。

五　歴史劇と個人劇のはざまで――トスカ

《トスカ》

作曲　ジャコモ・プッチーニ
台本　ジュゼッペ・ジャコーザ、ルイージ・イッリカ
初演　一九〇〇年一月一四日　ローマ、コスタンツィ劇場

あらすじ

ローマ、一八〇〇年六月一七日。人気歌姫のトスカは、画家のカヴァラドッシと熱愛中。だがカヴァラドッシは、フランス革命がもたらした共和思想に共鳴しており、今のローマを支配しているナポリ王国の政権から睨《にら》まれていた。聖アンドレア・ヴァッレ教会で壁画を制作中のカヴァラドッシは、一時期ローマに樹立された共和国の領事で、政治犯として収監されていた牢獄から逃れてきた友人のアンジェロッティに会い、自分の別荘にかくまう。共和主義者の一掃を任されている警視総監スカルピアは、嫉妬深いトスカの性格につ

け込んでカヴァラドッシの別荘をつきとめ、彼を逮捕する。アンジェロッティは自殺していた。

カヴァラドッシの助命を乞うトスカに、スカルピアは代償として彼女の体を要求する。追いつめられたトスカが泣く泣く要求を受け入れると、スカルピアはカヴァラドッシを空砲による見せかけの銃殺刑にするよう部下に命じる。迫るスカルピアを、トスカは隠し持ったナイフで刺す。聖アンジェロ城の牢獄に恋人を訪ね、一部始終を告白するトスカ。カヴァラドッシは処刑場へ曳かれ、銃が火を噴く。倒れた恋人のもとへ駆け寄るトスカだが、彼は絶命していた。スカルピアははじめからカヴァラドッシを殺すつもりだったのだ。スカルピアの殺人犯を捕らえにきた部下たちの前で、トスカは神の前でスカルピアと決着をつけると宣言し、城壁から身を投げる。

随一の人気を誇る「ご当地オペラ」

一八〇〇年六月一七日から一八日。

《トスカ》の台本にはそう指定されている。劇場のレパートリーになっているオペラの九九パーセントは過去の物語だが、日時がここまできちんと指定されたオペラは他にない。

聖アンドレア・ヴァッレ教会。ファルネーゼ宮殿。聖アンジェロ城。《トスカ》の三つの幕に登場する三つの場所は、すべてローマに実在する。三ヶ所はほぼ一キロ圏内に位置しており、一昼夜足らずのうちに進む物語の舞台としてごく自然だ（実際、物語の時間配分を忠実に守って、この三ヶ所にロケを行った《トスカ》の映像も制作されている）。幕の間に何ヶ月も、場合によっては何年も経過したり、舞台がスペインからイタリアへとつぜん変わったりすることもめずらしくないオペラの世界にあって、こんなにリアルに時間や場所が設定されているオペラは他にない。

《トスカ》第１幕の舞台、聖アンドレア・ヴァッレ教会内部

そんな《トスカ》は、ローマにとっては絶好の「ご当地オペラ」である。今は「オペラ座」と呼ばれているローマ第一のオペラハウスは、《トスカ》が初演されたコスタンツィ劇場に他ならない。ここで《トスカ》が

第２幕の舞台、ファルネーゼ宮殿

聖アンジェロ城からローマ市街を望む。トスカが身を投げたのもこのあたりか

上演されるとあれば、出演者にかかわらず劇場は満員になり、独特の熱気が客席を包む。ロッシーニの人気オペラで、街の名前がタイトルにもなっている《セビリヤの理髪師》がセビリヤの歌劇場で上演されても、こんな熱狂は生まれない。イタリアの作曲家プッチーニが、イタリアの首都ローマを舞台に、イタリアの歴史とイタリア人の感情を描いたオペラが、初演されたその劇場の舞台にかかることは、イタリア人にとって本当に特別なことなのだ。

「イタリア」とはなにか、ということはさておいて、《トスカ》がイタリア史の一ページを背景にしていることは事実である。多くのイタリア人の心を揺さぶる「感情」を備えているオペラであることも。そして、美しい旋律と劇的緊張感に満ちた傑作であることも。

短かった「共和国」の理想

一八〇〇年六月一七日。台本の指定には、必然がある。物語を動かす見えない背景となっているある戦いが、六月一四日に行われているからだ。ミラノの南西に位置するマレンゴで、オーストリア＝ロシア連合軍と、ナポレオンに率いられたフランス軍が激突した「マレンゴの戦い」である。ナポレオンはここでオーストリア＝ロシア連合軍を破り、イタリアにおける覇権を固めたのだった。

ナポレオンは当時三〇歳。フランス革命後の混乱のなかで頭角を現し、抜群の軍事的才能を発揮してフランス共和国軍を勝利に導いて大衆の支持を集め、半年ばかり前に「ブリュメールのクーデター」を起こして、実質的な権力者である第一執政に就任していた。一七九九年の一二月には新しい憲法を発布し、フランス革命の終了を宣言している。まさに日の出の勢いにあったのだ。

ナポレオン率いるフランス軍が最初にアルプスを越えたのは、一七九六年の三月。イタリアの大半はオーストリアの支配下におかれていた。フランス革命の影響を受けた市民層や一部の貴族たちにとって、ナポレオンは独立の望みをかなえてくれる救世主と映った。フランス軍は破竹の勢いで各地を征服し、あちこちに「共和国」を創設して、オーストリアから独立させる。一七九八年の二月には、教皇のお膝元だったローマにも「ローマ共和国」が誕生し、教皇ピウス六世はフランスの虜囚となった。ナポレオンはさらに南をめざし、「ナポリ・シチリア王国」の首都ナポリに攻め入って「パルテノペア共和国」を樹立した。第一次イタリア戦役はこうして大成功に終わり、ナポレオンは一躍表舞台に躍り出た。

しかし「共和国」の土台はもろかった。「共和主義」の理想に共鳴したのはイタリア国内でも少数派であり、多数を占める庶民や農民層は、従来の支配層である大貴族や聖職者の影響で、きわめて保守的だったのだ（《トスカ》の第一幕で、共和思想に染まっているカヴァラドッシに文句を言う信心深い堂守《どうもり》は、ごく一般的な庶民の気持ちを代弁している）。彼らはナポレオンもフランス軍も共和主義も嫌いだった。下支えを欠いた「共和国」は、ナポレオン軍が引き上げるとあっという間に瓦解する。一七九九年の春にはロシアの援軍を得たオーストリア軍がイタリアに侵攻し、各地の共和国はあっけなく潰《つぶ》された。「ローマ共和国」は一年七ヶ月、「パルテノペア共和国」に至ってはわずか五ヶ月の命だった。ローマは、逃亡先のシチリアから復帰したナポリ・シチリア王の勢力下に入る。

ナポレオンがこの事態を放《ほう》っておくはずもなかった。一八〇〇年の五月、彼はイタリア奪還のために三度目となるアルプス越えを行う。そして「マレンゴの戦い」で勝利を収め、イタリア再征服の地盤を固めたのである。

リアリティ豊かな人物造形

《トスカ》は、まさにこの歴史的な事件を背景に組み立てられたドラマだった。オペラでは、共和主義者のカヴァラドッシと王朝派のスカルピアが対立しているが、前者はナポレオンと、後者はナポリ・シチリア王国の実質的な権力者である王妃マリア・カロリーナと結びついている。オペラには登場しないが、この王妃は、《トスカ》の陰のヒロインと

ナポリ王妃マリア・カロリーナ（1768年の肖像、部分）

いっていい。

マリア・カロリーナは、北イタリアを支配していたオーストリア帝国のハプスブルク家の出身で、有名な女帝マリア・テレジアの娘であり、フランス革命で処刑されたマリー・アントワネットの姉にあたる。ナポレオンに怯え、巨額の賠償《ばいしょう》金を払って講和を結んでいたにもかかわらず、侵攻されてナポリを追い出された。そのため、権力を取り戻すと共和主義者の大々的な粛清《しゅくせい》に乗り出す。投獄は一万人以上、処刑は一千人以上にのぼったという。彼女はオペラの原作となったフランスの劇作家ヴィクトリアン・サルドゥの戯曲『ラ・トスカ』（一八八七年初演）には登場しており、カヴァラドッシとアンジェロッティを捕らえなければお前の首が危ないとスカルピアを脅《おど》している。強気で残酷で、男性関係も派手だったらしい。夫のナポリ国王フェルディナンド四世が病弱だったことも、王妃の性格や行動に拍車をかけた。

その王妃がこの時点で目の敵にしていた相手、それが「ローマ共和国」の総督だった、チェーザレ・アンジェロッティだったのである。

《トスカ》の主役たちのほとんどは架空の人物だが、アンジェロッティにはモデルがいる。実際に共和国の総督に選出された、ローマの外科医リボリオ・アンジェルッチ（一七四六〜一八二二）である。ただし実在のアンジェルッチが政治犯として投獄されたのは共和国の成立前であり、脱獄して自殺したわけでもない。原作者のサルドゥがモデルにしたのは、彼の人生というより行動や思想（アンジェルッチはジャコバン派だった）だったようだ。スカルピアにもモデルがいるという説があるが、具体的な証拠は乏《とぼ》しい。

ちなみにオペラではアンジェロッティとカヴァラドッシは友人同士という設定だが、原作の戯曲では、アンジェロッティとカヴァラドッシは初対面で、話をするうちに共鳴する。戯曲ではここで歴史的背景が詳しく語られるが、オペラでは、政治的、歴史的な背景の説明は最小限に切り詰められている。オペラのカヴァラドッシも、「ヴォルテール主義者（共和主義者）」というふれこみのわりには、その手の発言はきわめて少ない。思想信条を高らかに歌い上げるのは、ナポレオンの敗戦と伝えられたマレンゴの戦いが実際はナポレオンの勝利に終わったと知って、自分の命を握っているスカルピアの前で「勝利だ！」と絶叫するところくらいである。

だが《トスカ》では、架空の人物であってもきわめてリアリティに富む設定がなされている。戯曲で詳細に語られているカヴァラドッシの経歴も、なるほどとうなずかされる説得力がある。生まれはローマだが母はフランス人、イタリア人の父は共和主義者で、革命下のパリで成長した。絵画の腕は、『ナポレオンの戴冠』などの歴史画で知られ、ナポレオンの御用画家でもあったダヴィッドに師事して磨いた。父が亡くなり、遺産の整理のためにローマに戻ったが、トスカと恋に落ち、危険を承知でローマにとどまっているという設定だ。当時のローマの状況を考えれば、このような人物がいても不思議ではないし、実在の人物がフィクションを加味されて登場するより、よほど現実味がある。

ヒロインのトスカも架空の人物だが、やはりリアルな人物設定がされている。北イタリアのヴェローナ出身の孤児で、羊飼いをしていたところを修道女たちに拾われ、ベネディクト派の修道院で育った。修道院の合唱団で歌っていた一六歳のとき、有名な作曲家のドメニコ・チマローザ（一七四九〜一八〇一）に認められ、修道院を出るよう勧められる。いったん信仰の道に入った女性を還俗《げんぞく》させることは禁じられていたが、大家チマローザの頼みだったから教皇も折れた。チマローザの見込み通り、トスカはミラノのスカラ座、ヴェネツィアのフェニーチェ歌劇場、ナポリのサンカルロ歌劇場など有名な歌劇場からのオファーが相次ぐスター歌手へと出世する。今はローマの名門劇場、アルジェンティーナ劇場に出演中という設定だ。

そんなトスカの経歴には「プリマドンナ」の本質がつまっている。トスカは、羊飼いをしていた孤児、つまり社会の最下層の出身だった。その彼女を拾ったのが修道院。修道院には、その手の子供たちが大勢いた。カトリックでは婚前交渉も避妊も認められていなかったのに、いやむしろそのために、「私生児」の数はおびただしかったのである。トスカが私生児であったのは間違いないだろう。修道院に拾われなければ、娼婦の運命が待っていた。

しかしプリマドンナは、実は娼婦と紙一重でもあった。ヴェルディのパートナーだったジュゼッピーナ・ストレッポーニにもそのような一面があったことは前にふれたが、れっきとした作曲家の娘だったストレッポーニに比べ、トスカの場合はその境界線はさらに曖昧になる。スターとしてわが世の春を謳歌している今だからこそ、トスカは男性の庇護を受けなくとも生きていけるし、カヴァラドッシに操を立てていられるけれど、ひょっとしたらこの先は分からない。歌姫が貴族の庇護を受けたり、作曲家や劇場支配人とねんごろになる（もちろん仕事が来ることも計算に入れて）のは、ごくありふれたことだった。そもそも女性が舞台で自分を見せ物にすることは、広い意味での売春行為ととらえられていたのである。

《トスカ》の恋人たちは未婚であるにもかかわらず明らかに肉体関係があるが、これはトスカが歌姫という特殊な、芸能人的な立場だから可能なことだろう。まっとうな未婚の男女がオペラの舞台に登場する場合は、《ロミオとジュリエット》のような清純な恋でな

ナポレオンの愛人となったジュゼッピーナ・グラッシーニ（ヴィジェ・ル・ブラン画、1805年、部分）。彼女は後に、ワーテルローの戦いでナポレオンを破ったイギリスのウェリントン公爵アーサー・ウェルズリーの愛人にもなった

ければならず、一線を越えることは許されなかった。明らかに男性関係のある未婚の女性といえば、《椿姫》や《カルメン》のヒロインのようなその筋の女性と相場が決まっていたのである。《トスカ》のヒロインもまた、その系列に属するとみなされても当然の女性ではあった。

実はナポレオンも、イタリアで歌姫と恋に落ちている。他ならぬマレンゴの戦いの戦勝祝いがミラノのスカラ座で行われたとき、無敵の司令官は舞台に出ていた美貌のプリマ、ジュゼッピーナ・グラッシーニに惹かれ、舞台がはねた後にベッドを共にした。グラッシーニはそのままナポレオンに連れられてパリに行き、彼が帝位につくと「帝室歌手」に出世している。歴史劇も得意だった原作者のサルドゥが、グラッシーニの存在を知っていた可能性は十分にある。

もうひとつ、一八〇〇年のローマで、女性の「プリマドンナ」が活躍しているのには別のリアリティもある。ローマ教皇のお膝元であるローマでは、風紀に厳しいカトリックの建前もあって、女性が舞台に出ることが長いあいだ禁止されていたのだ。オペラで女性歌手の代わりをつとめていたのは、カストラート（去勢歌手）であった。イタリアでは当然だったこの風習に顔をしかめたのもナポレオンである。ローマでは、オペラのちょうど二年前の一七九八年に、ナポレオンの肝いりでカストラートが廃止されていたのである。長く封印されてきた女性歌手が解禁されたばかりの一八〇〇年のローマでは、プリマドンナへの熱狂はひときわ大きかったのではないだろうか。

憎まれ役に堕ちた英雄

リアルな歴史劇の、リアルな登場人物たち。彼らはみな非業《ひごう》の死を遂げる。だが、「その後」を目撃せずにすんで、かえって幸せだったかもしれない。

イタリアをほぼフランス領にしたナポレオンは、一八〇四年には「皇帝」として戴冠する。広大なフランス帝国の属国には、彼の一族が王侯として送り込まれた。カヴァラドッシやアンジェロッティが生き延びてこのことを知ったら、さぞ失望したことだろう。「ボナパルト」に捧げると決めて作曲した《英雄》交響曲を、皇帝即位を知り、献呈《けんてい》の辞からその名前を消してしまったベートーヴェンのように。

ナポリ王国もまた、苦い失望を味わった。フェルディナンド四世はナポレオンにより王位から引きずり下ろされ、王妃ともどもシチリアに閉じこもる。ローマも同じだった。

「永遠の都」は一八〇八年にはフランス領に組み込まれ、教皇ピウス七世は前教皇同様、フランスに幽閉されてしまう。独裁者への志向を剝《む》き出しにして各国で反感を買ったナポレオンは、イタリアでも英雄から一転憎まれ役となり、反ナポレオンの秘密結社があちこちで結成された。

ナポレオンのイタリア支配は、ロシア遠征の失敗をきっかけに彼が没落する一八一四年まで続く。その前年、一八一三年に生まれたヴェルディの洗礼記録がフランス語で書かれているのはそのためだ。

ウィーン会議後、イタリア半島ではふたたびオーストリアが主導権を握ることになった。しかしナポレオンの戦争と支配が目覚めさせた「自由」への渇望《かつぼう》は、国家統一運動へとつながる種をまいたのだった。

政治に無関心だったプッチーニ

オペラの物語からちょうど百年後。一九〇〇年のローマで、《トスカ》は初演された。イタリアの「統一」がなってほぼ四〇年がたっていたが、政情はいっこうに落ち着かなかった。経済危機も深刻で、ストライキや暴動が頻発。二年前にはミラノで暴動が起こり、軍隊が出動して死亡者が出る騒ぎが起きている。遅まきながら植民地の獲得にも参入しているのは、そのような事情もあったのだろう。

権力側は、百年前と変わらず反動的だった。統一イタリア王国――実態はいまだにサヴォイア王国の延長線上にあった。国歌がサヴォイア家を讃える〈サヴォイア〉という曲だったのは象徴的である――は第二代国王のウンベルト一世の治世となっていたが、国王もそして首相のルイジ・ジロラモ・ペルーも、反政府運動を厳しく取り締まり、思想の自由を認めずに左派を弾圧した。そのためウンベルト一世は、一度ならず命を狙われている。

《トスカ》初演の日も、コスタンツィ劇場には不穏な空気が漂っていた。一月一三日に予定された初演は一日延ばされ、一四日当日も公演はなかなか始まらなかった。というのもマルゲリータ王妃や首相ら重要人物の来場が予定されており、王妃の暗殺計画が囁かれていたからである。いざ幕があがると上演は順調に進み、それなりの成功を収めたのだが。

王妃の暗殺計画は立ち消えになったが、国王はそうはいかなかった。《トスカ》初演の半年ほど後、ウンベルト一世はアナーキストの銃弾に倒れる。国王の悩みの種のひとつは、ムッソリーニが所属していた「イタリア社会党」だった。

オペラの時代同様のきな臭い状況を、作曲者のプッチーニは意識していたのだろうか。

あまりそのような形跡は見えない。カヴァラドッシの性格から政治的な部分を削り取ったことからも分かるように、プッチーニは政治を語る人間ではなかった。彼の最大の関心事は国の運命や時代の思想ではなく、個人のそれであり、何よりも男女の愛だった。第三幕におかれた有名なアリア〈星は光りぬ〉で、処刑を前にしたカヴァラドッシは、トスカとの愛を回想して彼女との別れを惜しむが、台本作者のひとりイッリカの当初の案では、歌詞はより革命思想を賛美する内容となっていた。それが気に入らなかったプッチーニは、歌詞を全面的に書き直してしまったのだ。現在の歌詞は、プッチーニが書いたものに、もうひとりの台本作者ジャコーザが手を入れたものである。

プッチーニの先人ヴェルディが、戯曲『トスカ』に興味を持ち、自分が若ければ作曲したいといったエピソードはよく知られている。ヴェルディはカヴァラドッシの、むしろ政治的な部分に惹かれた。すでに書いたように、ヴェルディは一般に言われているほどには政治的な人間ではなかったが、それでもイタリア統一の時代を生き、思想や使命感を共有し、名士になると音楽家のための老人ホームを建てるなど慈善活動にも精を出した。

プッチーニにそのような気分はない。作曲で築いた財産は、もっぱら車のような個人的な楽しみにつぎこんだ。人妻と駆け落ちして結ばれながらも次々と恋をし、人生を謳歌した。初演で《トスカ》の主役を歌ったルーマニア人のソプラノ、ハリクレア・ダルクレも恋人のひとりだった。プッチーニの音楽が官能的なのは、彼の女性好きと無関係ではあるまい。政治も思想も本能や感情には勝てない。それもまた、《トスカ》が高い人気を誇る理由のひとつではないだろうか。

推薦ディスク

◆カバイヴァンスカ、ドミンゴ、ミルンズほか　バルトレッティ指揮　デ・ボジオ演出　ニュー・フィルハーモニア管弦楽団、アンブロージアン・シンガーズ　デッカ

ローマの当該の場所で撮影した映画版。主役ふたりも最適役。しかもふたりとも最盛期の収録だ。

◆グレギーナ、リチートラ、ヌッチほか　ムーティ指揮　ロンコーニ演出　ミラノ・スカラ座管弦楽団、合唱団　コロムビア

スカラ座公演の映像。ムーティの潔い音楽作りが好ましい。

第二部　イギリス王室の舞台裏

エリザベス１世（1533〜1603、絵は1588年ごろの肖像）

15〜16世紀のイギリス・フランス・スコットランド・スペインの王族系図

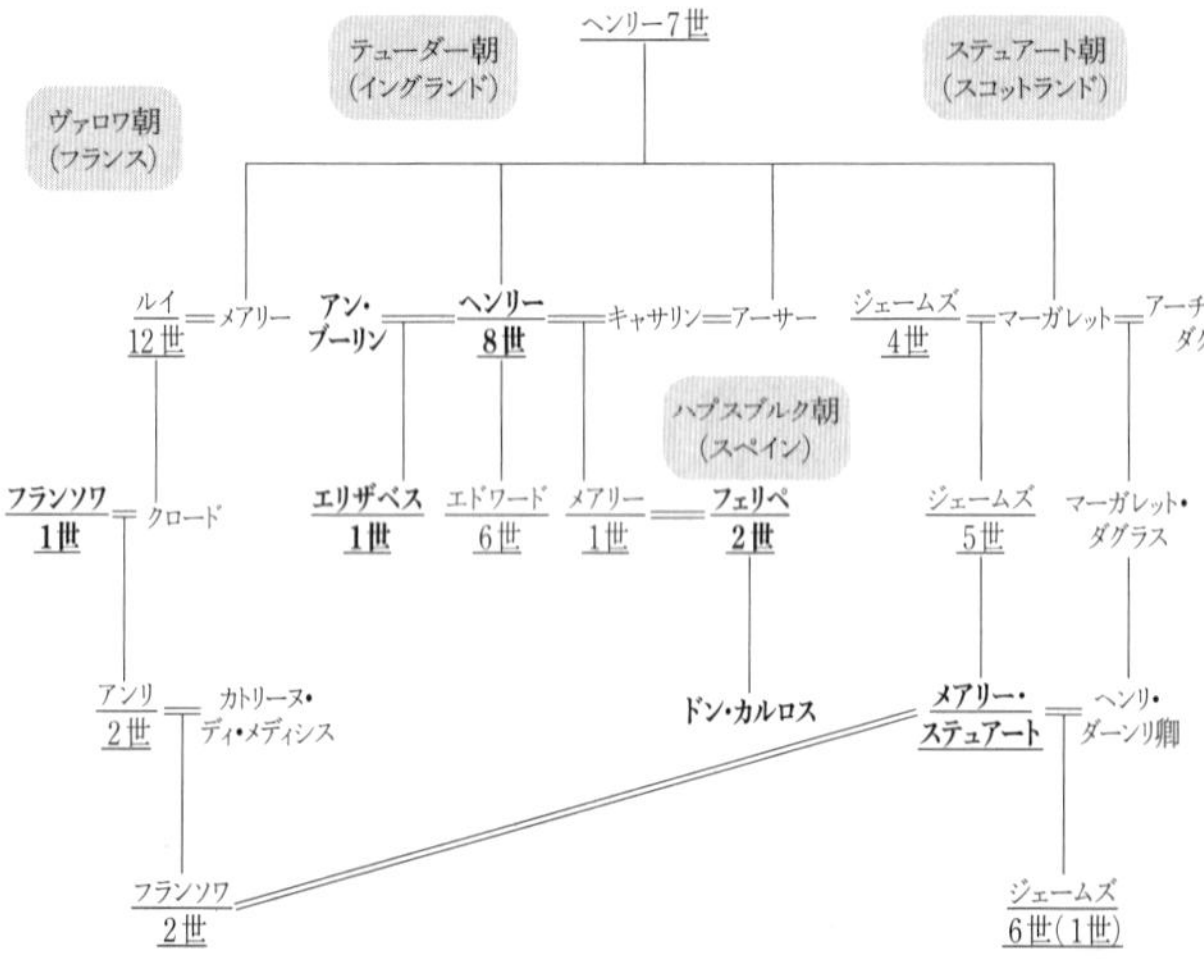

※**太字**は本書で取り上げたオペラの主要登場人物
下線は王位継承者

一　イギリス史を変えた王妃、オペラ史を変えたプリマ——アンナ・ボレーナ

《アンナ・ボレーナ》

作曲　ガエタノ・ドニゼッティ
台本　フェリーチェ・ロマーニ
初演　一八三〇年　ミラノ、カルカーノ劇場

あらすじ

一五三六年のイギリス。国王エンリーコ八世（英語名ヘンリー八世）は、男の子がいないことを理由に妃を離別し、妃の女官だったアンナ・ボレーナ（英語名アン・ブーリン）をめとったが、やはり男子を残せないアンナに失望し、アンナの女官ジョヴァンナ・セイムール（英語名ジェーン・シーモア）に心を移していた。王の心変わりに気づいたアンナは、悲しみに暮れる。ジョヴァンナは良心の呵責《かしやく》にさいなまれるが、エンリーコはアンナを処刑してジョヴァンナを妃に迎えるつもりでいた。

アンナを陥《おとしい》れる計画を練るエンリーコは、亡命していたアンナのかつての恋人ペルシー（英語名パーシー）卿を呼び戻す。ペルシーはアンナに未練を抱いていた。アンナに会い、想いを打ち明けるペルシー。やはりアンナを想う小姓のスメトン（英語名スミートン）はふたりのやりとりを聞いて驚く。思う通りに事が運んだとほくそ笑むエンリーコは、アンナをはじめスメトン、ペルシー、そしてアンナの兄ロックフォール卿を不義の罪で捕らえる。

アンナたちはロンドン塔に収監された。ジョヴァンナは罪を認めて王と別れれば命は保証されるとアンナに告げるが、無実のアンナは不名誉より死を選ぶと申し出を拒《こば》む。ジョヴァンナは王の愛人は自分だと告白し、アンナは彼女を許す。

拷問《ごうもん》に耐えかねたスメトンは、王の望む通りの物語を自白した。裁判が開かれ、アンナをはじめ一同は死刑を宣告される。処刑を前に、正気と狂気をゆききするアンナ。大砲の音にアンナは正気に返るが、それが王とジョヴァンナの結婚を告げるものと知り、ふたりを呪いながら絶命する。

歴史を動かした悲劇の王妃

イングランド国王ヘンリー八世（一四九一～一五四七）の二度目の妃で、不貞の濡れ衣を着せられて処刑されたアン・ブーリンの悲劇は、イギリス史のハイライトのひとつだろう。頂点から奈落へ、その劇的な人生は文学や演劇、映画（『1000日のアン』一九六九年）などで繰り返し語られてきた。つい最近も、フィリッパ・グレゴリーの小説『ブーリン家の姉妹』が世界的なベストセラーになり、二〇〇八年には映画化されている。

だがアンが有名なのは、人生がドラマティックだからというだけではない。その手の悲劇なら歴史にごまんとある。アンとヘンリーの物語が世界史の教科書に欠かせないのは、この出来事がきっかけで、イングランドに「宗教改革」がもたらされたからだ。ヘンリーはアンと結婚したいがために王妃キャサリンとの離別を試み、キャサリンとの結婚は無効

生涯で６度もの結婚をしたヘンリー８世（1537年ごろの肖像、部分）

ヘンリー８世の２人目の妻となったアン・ブーリン（1507頃～1536）はエリザベス１世の母でもある。肖像は1534年ごろのものの模写

だと教皇クレメンス七世に訴え出、訴えが却下されると聖職者と議会を威嚇《いかく》して「国王至上法」（一五三四年）なる法律を通し、国家元首である国王を、同時に教会の最高首長として認めさせてしまった。宗教改革といっても、一介の修道士だったマルティン・ルターが反旗を翻《ひるがえ》して始まったドイツのそれとは一八〇度異なる、上からの「改革」である。アンはつまり、イングランドの歴史を変えてしまったのだった。

アンが変えたのは公の歴史だけではない。全権を手にしたヘンリーは、以後専制君主としての側面を存分に発揮する。期待した男子を残せないアンに「不貞」の濡れ衣を着せて処刑したのを皮切りに、結婚、離婚を繰り返し、都合六人の妃をめとった。アンは、イギリスの歴史に加えてヘンリーの人生をも変えたのである。

ヘンリーに見初められたとき、アン・ブーリンは王妃キャサリンの女官だった。目立つ存在だったらしいが、それは背が高く、すらりとした外見のせいだけではなかった。アンは、イングランド宮廷があこがれるフランス宮廷の空気を身にまとっていたのだ。色白がもてはやされる時代に、色黒で、絶世の美女と謳《うた》われることはほとんどなかったアンが、人目を惹く「はつらつとした若い乙女」へと変貌したのは、外交官だった父トマス・ブーリンのおかげである。父の意向で、アンは一〇代はじめの若さで、ブルゴーニュにあるハプスブルク家のマルガレーテの宮廷に送られる。マルガレーテは亡くなった兄でカスティーリヤ王だったフェリペ一世の子供たちを教育するために、ヨーロッパ中からすぐれた学者を集めていた。トマスは娘アンを完璧な宮廷女性にしようと、マルガレーテにアンの教育を頼み込んだ。

アンは利発な少女だった。フランス語もすぐに習得し、立ち居振る舞いも「完璧」だとマルガレーテに舌を巻かせている。やがてヘンリー八世の妹メアリーがフランス王ルイ一二世に嫁ぐと、アンはその宮廷に移り、メアリーに仕える。メアリーより三四歳（！）も年長だったルイ国王は、結婚後わずか三ヶ月で逝去。メアリーは以前からの恋人と結婚するが、アンはそのままフランス王の宮廷に残った。次のフランス国王は色好みで知られるフランソワ一世（《リゴレット》の章を参照）で、アンは官能的な空気に取り巻かれるが、身持ちは悪くなかったようだ。けれど男女の微妙な感情に揉《も》まれるなかで、アンは魅惑的だったといわれる「目の使い方」などを覚えたのだろう。やはりフランス宮廷に仕えていたアンの姉メアリーのほうが、男には都合のいい存在だったらしい。メアリーもイングランドに戻るとヘンリーの寵愛を受け、子供をもうけている（ヘンリーの子ではないという説もある）。

愛人にとどまったメアリーと妃に上り詰めたアンの差。それはおそらく賢さだった。アンはヘンリーから情熱的な恋文を何十通も受け取りながら、なかなか身体を許さなかった。

狩りを好んだヘンリーは、アンを射止めようとやっきになった。しかるべき身分にしてくれなければ一線は越えない。アンはおそらくそう仄《ほの》めかしてヘンリーを煽ったのだろう。

男の跡継ぎが欲しい。アンを見初めたころのヘンリーを支配していたのはその考えだった。スペインの王室から迎えた王妃キャサリンはヘンリーより六歳年長で、嫡子のうち成長したのは王女メアリー（のちのメアリー一世）ただひとり。男の子にも二度恵まれたにもかかわらず、いずれも早世してしまった。実はヘンリーには愛人のひとりベッシー・ブラントに産ませた息子ヘンリー・フィッツロイ（「王の息子」の意）もいたのだが、側室の産んだ息子を跡取りにできた昔の日本とは違い、正当な結婚から産まれた嫡子にこだわるのがキリスト教国である。一応メアリーを嫡子とし、相続権を与えてはいたが、イングランドには女王の先例はなかった。父ヘンリー七世の代に成立したばかりのテューダー朝はまだ不安定だったから、ヘンリーが焦《あせ》るのも無理はない。

キャサリンが年上だったのには訳がある。もともと彼女はヘンリーの兄アーサーの妻だったのだ。縁談は、イングランドにとって歓迎すべきものだった。大国スペインの正嫡の姫が、莫大な持参金つきで新興国のイングランドに嫁ぐという話だったからだ。華燭《かしょく》の典をあげたとき、新郎は一四歳、新婦は一三歳。しかし病弱なアーサーは、結婚後わずか半年ほどで世を去る。おそらく、妻とベッドを共にすることなく。

父の遺志で、未亡人となった兄の妻をめとったとき、ヘンリーもまた、彼女が処女だと信じていたはずだ。しかし後年、アンに魅せられたヘンリーは、キャサリンが人妻、それも兄の妻だったことを持ち出し、旧約聖書が禁じた兄弟の未亡人をめとった罪で、男の世継ぎを得るという自分の望みがかなえられないのだと言い出す。キャサリンにとっては寝耳に水だった。まもなく開かれた公開審問で、キャサリンはヘンリーの足元に身を投げ出して訴える。自分は純潔なままあなたに嫁いだ。あなたもそれをご存知のはずだと。

しかしアンの虜《とりこ》になり、男子の跡継ぎをもうける考えだけにとらわれたヘンリーの心を取り戻すことは、修道女のように真面目な性分のキャサリンには無理な話だった。ヘンリーはほどなく、妊娠したアンと密かに結婚する。キャサリンは「皇太子未亡人」という称号を与えられ、宮廷を出されて田舎に移される。キャサリンが納得しなかったのはいうまでもない。

女が心の離れた男にすがるほど、相手の心を冷めさせることはない。キャサリンはそれを繰り返した。しかし彼女がふつうの女と違ったのは、ヨーロッパでも屈指の家系に連なり、政治を動かすことが可能だったことだ。それでなくとも、正式な妃を離縁するという暴挙を、ヨーロッパの君主たちは激しく非難した。加えて、神聖ローマ帝国カール五世は彼女の甥《おい》だったのである。教皇クレメンス七世が、ヘンリーとアンとの結婚を無効としてヘンリーを破門したとき、君主たちは喝采し、ヘンリーは二重婚の罪を犯していると糾弾した。身分高く身持ちよく高潔なキャサリン妃を慕《した》っていたイングランドの庶民も、同様だった。後にアンが処刑されたとき、惜しむ声がほとんど聞かれなかったのは、キャサリンの人気によるところもあったようだ。

アンの弱点は、人望がないことだった。男心を摑《つか》むことには長《た》けていたかもしれないが、人心を捉えることはできなかったのだ。キャサリンの地位を奪ったのだから、憎まれるのは当然だが、「雌《めす》ライオンのよう」だと陰口を叩かれた激しい性格も災いしたらしい。キャサリンとヘンリーとのあいだに生まれた王女メアリーや、ヘンリーの愛人の息子フィッツロイを敵視し（彼女の立場がきわめて不安定だったことを考えれば無理もない面もあるが）、政治に口を出し、聖書の解釈をめぐってヘンリーと議論をたたかわせることもあったという強い性格は、周囲を辟易《へきえき》させ、後にヘンリーの心が離れる一因となった（アンの後の妻たちに、ヘンリーは議論することを禁じている）。恋におちているときは気の強さはスパイスになりうるが、いったん恋心が冷めてしまえば逆効果というもの。男女の駆け引きにかけては姉メアリーより賢かったアンだが、人心を惹きつける人柄という点では、「おちついたつつましい女性」と評された彼女のライバル、ジェーン・シーモアや、ヘンリーの最後の妃で、彼女にとっては継子である王女メアリーや、アンとヘンリーとの王女エリザベスに親切にしたキャサリン・パーに軍配があがる。

キャサリンを離縁し、教皇に破門されてまで手に入れたアンは、だがヘンリーが期待した最大の報酬である男子を与えるのに失敗した。結婚前にみごもった最初の子供は、占い師が「男子」だと口を揃《そろ》えたにもかかわらず、女の子（後のエリザベス一世）だった。次の子供は男子だったものの、流産してしまう。失望したヘンリーは、アンの流産と前後して、アンの女官ジェーンに目をつける。キャサリンとの離婚で難儀しただけに、いったん心が決まればヘンリーの行動は早かった。濡れ衣を着せて処刑という暴挙に出たのは、この世から抹殺《まっさつ》することでキャサリンのように重荷になることを避けたかったからだ。

そのキャサリンは、アンの流産の直前に五〇歳で世を去っていた。アンが彼女と不貞を働いたとされた五人の男性（そのなかにはアンの実の弟もいた！）と一緒にロンドン塔で斬首されたのは、そのわずか五ヶ月ほど後である。処刑前に、アンと国王の婚姻《こんいん》が無効であることが宣言されたのは、因果応報と言うべきか。王はアンの処刑の日にジェーンに求婚し、その一〇日後に結婚式をあげた。一年半後、ジェーンは無事に男の子を産むが、それと引き替えに自分の命を落とす。理想の妃を求めるヘンリーの放浪は、まだまだ続くのである。

巧みな心理表現とドラマトゥルギー

《アンナ・ボレーナ》は、アン・ブーリンの最後の日々を描いたオペラである。男子を流産し、絶望に沈むアン（アンナ）と、王と関係しながら、アンへの罪の意識におののくジェーン（ジョヴァンナ）。アンの追い落としを画策するヘンリー（エンリーコ）は、彼女の結婚前の恋人だったパーシー卿（ペルシー）を呼び寄せ、告白の現場をつかまえる。

パーシー卿は実際、アンと婚約していた。おそらくふたりは惹かれ合っていたが、ヘンリーの横やりで結婚話はつぶされた。オペラでは宮廷楽師のスミートン（スメトン）がアンに求愛するが、彼も実在の人物である。王妃の取り巻きのひとりで、アンに恋心を抱いていた可能性もある。もちろん、報われない恋だったが。捕らえられて拷問され、アンとの関係を「自白」したことも史実である。

興味深いのは、スミートンが、アンが作曲した「作品集」を編纂《へんさん》していることだ。アンが才女だったことは前にも触れたが、マルガレーテの宮廷で仕込まれた彼女は、音楽をはじめ文学や美術など芸術一般に造詣《ぞうけい》が深かった。ヘンリー八世も大の音楽好きだったから、ふたりのあいだに産まれたエリザベス、後のエリザベス一世の宮廷で音楽が花開いたのは、偶然ではない。

しかしドニゼッティのオペラは、当然ながら才女アンには興味がない。オペラが描くのは捨てられた王妃、裏切られた女である。アンは最後は（史実とは異なり）狂乱のうちに息絶えるが、このような「狂乱の場」は、気が狂ったという非日常的な設定のもとに、主役のプリマドンナの技量を最大限に発揮させせられるとして、一八三〇年代のイタリア・オペラで人気を博した。《アンナ・ボレーナ》の「狂乱の場」は、その初期の例のひとつである。

《アンナ・ボレーナ》はドニゼッティの出世作である。三七作目となるこのオペラで、ドニゼッティは決定的な成功を収めた。イタリア以外でも次々と上演されて、ドニゼッティの名声は不動のものとなる。労働者階級の出身だったドニゼッティの才能を見出してその開花に協力した、彼の師にあたる作曲家ジモン・マイールは、この成功を機に愛弟子を「マエストロ（先生）」と呼ぶようになった。ほんの少し前まで「飢え死にしそう」だと漏らしていた作曲家は、国際的に注目されるイタリア・オペラの旗手となったのである。

《アンナ・ボレーナ》は、新しい時代の到来を告げたオペラである。ドニゼッティの一世代前のオペラ界に君臨し、歌手の技巧を極限まで追求したロッシーニとは異なる、登場人物の心理表現への傾斜。オペラの登場人物を、歌手の代弁者から共感できる生身の人間へと決定的に変貌させたのはヴェルディだが、ドニゼッティは《アンナ・ボレーナ》でヴェルディへと至る道を開いた。イタリア統一運動に大きな影響を与えた政治家・思想家のジュゼッペ・マッツィーニは、《アンナ・ボレーナ》を「音楽になった叙事詩」と高く評価し、ドニゼッティにも絶賛の言葉を送ったが、ドニゼッティはさして反応しなかったらしい。この手の熱狂が音楽にダイレクトに反映されるのも、ヴェルディを待たなければならない。

《アンナ・ボレーナ》の成功の大きな要因は、フェリーチェ・ロマーニの台本にある。当代一の売れっ子台本作家だったロマーニは、劇場や作曲家からひっぱりだこだった。ドニゼッティのライバルと目されていたヴィンチェンツォ・ベッリーニは、《アンナ・ボレーナ》からわずか三ヶ月もたたないうちに、同じカルカーノ劇場からの依頼、同じロマーニの台本で《夢遊病の娘》を初演し、こちらも成功を収めている。

ロマーニの台本には、以前の多くのオペラ台本には欠けていたドラマトゥルギーがあった。オペラが第一に歌手の歌合戦である時代は次第に終わりつつあり、聴衆が入り込みやすい、分かりやすい物語が求められるようになってきていたのである。かつての神話伝説に代わり、歴史ものが人気を集めるようになっていた。イタリアやフランスにおける、イングランドやスコットランドのブームもあった。アン・ブーリンの物語も、何度となく劇化されていたのである。

《アンナ・ボレーナ》の直接の下敷きとなったのは、イッポリート・ピエデモンテの『エンリーコ八世、あるいはアンナ・ボレーナ』（一八一六年初演）である。これは、フランスの作家マリー＝ジョゼフ＝シェニエの『アンリ八世』の翻訳だった。ロマーニはさらに、一七八八年にヴェネツィアで初演された、アレッサンドロ・ペポリ伯爵の史劇『アンナ・ボレーナ』も参照している。

シェニエの原作が、フランス革命のただなかで生まれたことは興味深い。実在の国王の暴虐を扱った物語は、革命の時代だからこそ可能になったと思われるからだ。共和主義者マッツィーニがドニゼッティのオペラに感動したのも、政治的なメッセージを読み取ったからかもしれない。ドニゼッティやロマーニにとっても、《アンナ・ボレーナ》は多少は冒険的な題材だっただろう。ロマーニは一方で、ベッリーニから提案された、ヴィクトル・ユゴーの問題作で、山賊に身を落とした貴族を扱った《エルナーニ》は、検閲を通らないだろうと退けている（《エルナーニ》は、後にヴェルディの手でオペラ化された）。

《アンナ・ボレーナ》は、《マリア・ストゥアルダ》《ロベルト・デヴェリュー》とならんで、ドニゼッティの「テューダー朝三部作」として知られている。だが実はドニゼッティは、それより前にテューダー朝がらみの作品を書いている。一八二九年にナポリで初演された《ケニルワース城のエリザベッタ》だ。これは女王エリザベッタ（エリザベス）の慈悲をたたえる作品で、かつて宮廷の注文で作られた、お上をたたえるいわゆる伝統的な「オペラ・セリア（正歌劇）」の延長線上にある作品である。ナポリの王室の注文で、ガラ・コンサートで上演されたためだが、それにしても《アンナ・ボレーナ》とはまったく毛色が異なるオペラだ。

背景にあるのは初演都市の政治事情である。《ケニルワース》の初演地となったナポリは、スペインの傀儡《かいらい》である保守的な王国だった。対して《アンナ・ボレーナ》がかけられたミラノは、後にイタリア統一運動の中心地のひとつとなる、先進的な北イタリアの大都会だったのだ。

歌唱力と演技力を兼ね備えたプリマドンナ

《アンナ・ボレーナ》が成功した大きな理由が、もうひとつある。タイトルロールに、人気絶頂のプリマドンナ、ジュディッタ・パスタを獲得したことである。ロッシーニで頂点を極めたイタリア・オペラの歌手の饗宴《きょうえん》はヴェルディで終わりを告げるが、この時代は歌手の覇権《はけん》はまだ続いていた。作曲家への報酬より歌手のギャラのほうが何倍も高い時代だったのだ。

だが、歌手のタイプは少しずつ変わりつつあった。オペラの題材の変化にあわせ、人物に感情移入できる歌手、劇的表現力に富んだ歌手が求められ始めていた。パスタは、演劇的表現が優れていたとされるプリマドンナの先駆者だった。彼女は《アンナ・ボレーナ》のほぼ一年後に初演されたベッリーニの名作《ノルマ》で主役を歌い、「ノルマかパスタか分からなくなる」演唱で観客を熱狂させたという。

ドニゼッティにとって幸運だったのは、パスタが《アンナ・ボレーナ》の物語を気に入ったことだった。ロマーニの台本を手に入れたドニゼッティは、コモ湖畔にあるパスタの別荘に一ヶ月近く缶詰になって作曲に励むが、パスタもかなり助言を与えたようだ。とくに全曲をしめくくる「狂乱の場」をはじめ、自分の歌う曲についてはロをはさんだらしい。

ジュディッタ・パスタ

初演で凱歌をあげた《アンナ・ボレーナ》だが、一九世紀の後半になると次第に上演されなくなる。同じロマーニの台本で、女性ふたりと男性ひとりの三角関係など《アンナ・ボレーナ》と共通部分の多い《ノルマ》が大ヒットしたことも関係しているかもしれない。

ベッリーニは、ローマ帝国に占領されているガリアという設定の《ノルマ》に、かなり政治的なメッセージをこめた。明らかにこの設定は、ハプスブルク帝国に支配されていたミラノと重ね合わされている。劇中に登場するガリアの民衆たちの合唱〈戦争だ、戦争だ〉は、ミラノのひとびとの感情を煽った。ハプスブルク支配下のイタリアの苦しみを投影した作品としては、ヴェルディの《ナブッコ》（一八四二年初演）がよく引き合いに出されるが、《ノルマ》は《ナブッコ》より一〇年以上前に、メロドラマでありながら政治色をにじませたオペラとして歓迎されたのだった。

《アンナ・ボレーナ》に政治的な空気は希薄だ。それよりこのオペラで重要なのは、「愛と死」や「死へのあこがれ」など、ロマン派的な香りに満ちていることだろう。ヒロインをはじめ主役陣に、歌と演技の両方が必要とされるのも納得が行く。かつてはマリア・カラスがスカラ座でこの役を歌い、注目を集めた。すぐれたベルカント歌手が輩出されている現在、《アンナ・ボレーナ》は真価が見直されているオペラのひとつとなっている。

推薦ディスク

◆ネトレプコ、ガランチャ、クールマン、メーリ、ダルカンジェロほか　ピド指揮　ジェノヴェーゼ演出　ウィーン国立歌劇場管弦楽団、合唱団　デッカ

人気絶頂のソプラノ、アンナ・ネトレプコをタイトルロールに、美貌と美声を兼ね備えたメッ

ゾのスター、エリーナ・ガランチャをライバル役のジョヴァンナに配し、さらに彼女たちに続く美女スターと言われるエリザベート・クールマンをスメトン（ズボン役）に迎え、男声陣もダルカンジェロにメーリと、今が旬のオールスターキャストを揃えた公演の録画。二〇一一年の収録だが、なんと本作はこのときがウィーン国立歌劇場初演だった。ゴージャスな声の饗宴に熱狂する会場の興奮が伝わる映像だ。

映像にはなっていないが、個人的に忘れられないのは二〇一二年の春にフィレンツェで体験した上演である。タイトルロールに現代最高のベルカント歌手のひとり、マリエッラ・デヴィーア、ジョヴァンナにイタリアの名メッゾ、ソニア・ガナッシら強力なキャストが揃っていたためかけつけたのだが、なんとオーケストラが組合のストライキで出演せず、ピアノ伴奏（！）での公演となった。だがハンディを吹き飛ばすかのようなデヴィーアの品格のある美声は素晴らしく、筆者のオペラ鑑賞歴のなかでも忘れがたい一夜となっている。

二　断頭台の女王——マリア・ストゥアルダ

《マリア・ストゥアルダ》
作曲　ガエタノ・ドニゼッティ
台本　ジュゼッペ・バルダーリ
初演　一八三五年　ミラノ、スカラ座

あらすじ

一六世紀末のイングランド。亡命してきたスコットランド女王マリア・ストゥアルダ（メアリー・ステュアート）は、イングランド女王エリザベッタ（エリザベス）により、フォザリンゲイ城に幽閉されていた。母国で政争に敗れたマリアは、いとこにあたるエリザベッタの庇護《ひご》を求めてイングランドに渡ったのだが、エリザベッタにしてみれば、イングランドの王位継承権を持ち、宗教上もプロテスタントの自分と対立しているカトリックを信奉しているマリアは危険な存在だった。さらに悪いことに、かつての寵臣レイチェステル

（レスター）伯はいまやマリアに恋いこがれており、彼女を助け出そうと、エリザベッタにマリアとの会見を提案する。

エリザベッタの訪問を知らせるためフォザリンゲイ城を訪れたレスター伯は、マリアとの再会を喜ぶが、マリアは不吉な予感にとらわれる。続いて現れたエリザベッタは、あからさまにマリアを見下すので、自制していたマリアも怒りを爆発させ、エリザベッタを「私生児」と罵る。憤激したエリザベッタは復讐を決意し、側近のセシル卿の勧めもあってマリアの死刑執行令状に署名。マリアの命乞いをするレスターに、嫉妬をつのらせるエリザベッタは、恋人の処刑に立ち会うようレスターに命じる。マリアはエリザベッタを許すと告げ、処刑台へと向かうのだった。

もうひとりの「断頭台の女王」

断頭台の女王。

そう言われて真っ先に思い起こされるのは、フランス革命で命を落としたマリー・アントワネットだろう。少なくとも日本では、メアリー・ステュアートの名前を思い浮かべるひとは少ないのではないだろうか。

だがヨーロッパでは、スコットランド女王メアリー・ステュアートも、マリー・アントワネットに負けず劣らず「断頭台の女王」として認知されているように思われる。民衆の手に落ち、荷車に乗せられて引き出され、公衆の面前で断頭台にかけられたマリー・アントワネットの死はヨーロッパを揺るがせたが、メアリー・ステュアートの死も数々の王国を震撼《しんかん》させた（スペインのフェリペ二世は、メアリーの処刑を口実に、イングランドに無敵艦隊を派遣した）。イングランドの王位継承権を持つ女王が、いとこに当たるイングランド女王の命令で殺されたのだ。たとえその処刑が、閉ざされた空間で、女王としての身分を尊重して行われたものであっても。

エリザベスには相応の理由があった。オペラで描かれているようなロマンティックなものではない。統治者であり政治家である彼女にとって、メアリーの存在は危険きわまりないものだった。フランス革命を率いたひとびとにとって、マリー・アントワネットの存在が危険だったように。第一、ひとつの国にふたりの女王が並び立つはずもなかった。

温室育ちの姫君

メアリー・ステュアートは、温室の花として育った。それも大輪の、極上の花だった。スコットランドの王とフランス大貴族の娘との間に生まれたメアリーは、父の死とともに生後六日でスコットランド女王に、五歳の幼さでひとつ年下のフランス王太子の婚約者となり、海を渡る。当時スコットランドはれっきとした独立国で、隣のイングランドの脅威に絶えずおびやかされており、そのためフランスとの結びつきを必要とした。イングランド王に嫁いだアン・ブーリン（アンナ・ボレーナ）もフランス宮廷で磨《みが》かれたが、大国フランスは、ときにスコットランドから、ときにイングランドから必要とされたのだった。

メアリーは美しかった。才長けていた。一日馬を駆《か》っても疲れを見せないほどタフなのに、身のこなしは優雅で、ファッショナブルでもあった。残されている彼女の肖像画を見ても異論はないだろう。上背《うわぜい》があり、すらりとしているのも見映えがする。ちやほやされて当然だ。未来の王妃は、美女揃いのフランス宮廷にあっても目を惹いた。フィアンセの王太子は心身ともに虚弱で、未来の花嫁よりはるかに見劣りがしたけれど、メアリーはさして不満にも思わなかったようだ。メアリーは王子自身より、彼との結婚がもたらすもの、フランス王国の王妃の座に惹かれた。メアリーは意識においても、生まれながらの女王だった。このプライドの高さは、の

メアリー・ステュアート（1542～1587）。イングランドの女王になることはかなわなかったが、子のジェームズがイングランド国王となった（ジェームズ1世）

夫アンリ2世の死後、「黒王妃」と呼ばれたカトリーヌ・ディ・メディシス（1519～1589、肖像はフランソワ・クルーエ画、1559年以降）

ちにメアリーの足を掬《すく》うことになる。

第一の敵対者はフランス宮廷のなかにいた。王妃カトリーヌ・ディ・メディシス。フィレンツェのメディチ家から嫁《とつ》いだイタリア女性。彼女の宮廷生活はいばらの道だった。夫となった王太子、のちの国王アンリ二世は放蕩者で、後にディアヌ・ド・ポワティエという公認の愛《あい》妾《しょう》をつくり、王族でもなければ美しくもないカトリーヌは疎《うと》んじられた。ブルボン王家が求めたのはメディチ家の財力だったのだ。

とはいえ、王位継承者の妻となった以上は第一のつとめ、つまり嫡子を残す仕事を果たさなければならない。だがカトリーヌはこちらのほうでも苦労した。最初の子に恵まれたのは結婚して一〇年後。その後は堰《せき》を切ったように子宝に恵まれるが、子供の存在が夫の心を彼女に向かわせることはなかった。女としては最後までディアヌに出し抜かれたまま、アンリ二世はある日突然、槍試合での怪我がもとでこの世を去る。

カトリーヌの悲しみは大きかった。尊重されなかったとはいえ、彼女もまた美男子の夫を愛していたからだ。未亡人となって以降のカトリーヌは黒しか身につけず、「黒王妃」

と呼ばれるようになる。

だが「女」と引き替えに、彼女の手には「権力」が落ちてきた。カトリーヌはディアヌを追放し、息子はフランソワ二世として即位する。王妃の座に上ったのはもちろんメアリー。一五五八年四月二四日の結婚式は、一五歳のメアリーにとって、人生でもっとも華々しい一日となった。メアリーはカトリーヌをしのいで、フランス宮廷第一の女性となったのだ。

しかし頂点は短かった。新国王は、生来の弱さがたたって、即位後わずか二年で世を去る。一八歳のメアリーは、カトリーヌ同様未亡人となった。だが今は、義母のほうが宮廷第一の実力者なのだ。しかもカトリーヌはメアリーに露骨な敵意を向ける。それもメアリーがまいた種だった。王太子妃時代から、メアリーはカトリーヌを見下していたのである。正当な王家の血を引く自分に対して、なにぶんにもあちらは平民、たかが銀行家の娘なのだ。血統と若さと美貌と知性。何もかも持ち合わせたメアリーは、さまざまなものを欠いているカトリーヌへの想像力が足りなかった。それが態度にもしばしばあらわれていたのである。しかし誇り高いメアリーは、カトリーヌにへりくだって生きることを拒んだ。彼女は母国に帰る決心をする。

一三年ぶりの母国は、メアリーにとっては異国でしかなかった。さむざむと荒れ果てた、立ち後《おく》れた国。娯楽らしい娯楽もない現実にやるせなくなると、メアリーはお気に入りの面々で作ったフランス風の「宮廷」に逃避した。しかし母国の「女王」となった彼女は、結婚しなければならなかった。憎い義母同様、嫡子を残すために。

候補は多かった。未亡人とはいえ若く美しく、しかも王国という持参金がついているメアリーを見逃す手はない。スペインからデンマークから、王子たちが名乗りを上げる。呆《あき》れたのは隣国イングランドのエリザベスが勧めた候補で、なんと彼女の愛人と噂されたレスター伯爵ロバート・ダドリーだった。メアリーのプライドが傷つけられたのはいうまでもない。間もなく彼女は自ら夫を選ぶ。伯爵ヘンリ・ダーンリ卿。髭もない白い肌をしていたという優男の彼に、メアリーはおそらくはじめて、男性として惹かれた。格下ではあったが、イングランド王ヘンリー七世のひ孫でもあり、血統の上での問題はなかった。

だがダーンリは人間として浅く、政治家としては無能だった。降ってわいた権力に有頂天になり、その権力を授《さず》けてくれた妻の上に立ちたがった。待望の男子をもうけたものの、やがてメアリーは彼に愛想をつかし、仲間の輪からも外すようになる。嫉妬したダーンリは、メアリーのお気に入りの音楽家ダヴィット・リッチオを殺害するという暴挙に出た。メアリーは震え上がるが、誇り高い彼女は復讐を誓う。ダーンリにうんざりしていた貴族の多くも同調する。実行に移したのは、メアリーの新しい愛人ボスウェル伯爵ジェームズだった。一〇ヶ月後、病気で臥《ふ》せっていたダーンリはメアリーに呼び出され、看病のためと称してエディンバラ郊外の寂しい屋敷に同行する。夜中、ダーンリが眠り込むのを見計らい、メアリーはその場を離れる。間もなく轟音《ごうおん》とともにその家が爆発し、変わり果てたダーンリが発見された。

下手人がボスウェルだという噂は当初から公然と囁《ささや》かれた。背後にメアリーがいるだろうことも。なぜなら彼女は夫を殺されたにもかかわらず、悶《もだ》え泣くこともなく、徹底的に犯人を追及することもなかったからだ。ボスウェルはいったん裁判にかけられたものの、無罪となる。続いてメアリーとボスウェルがとった行動は、疑いに輪をかけるものとなった。プロテスタントのボスウェル伯爵はすでに妻と別れていたが、メアリーを「誘拐」し、強引に関係を結んだため、結婚しなければならない羽目に陥ったと、世間に発表したのである。メアリーはおそらくボスウェルの子供を身ごもっていたのだ。その子を私生児にするわけにはいかなかった。

自作自演。そんなまがまがしい言葉がこれほど似合う事件もないだろう。ふたりはダーンリの死後三ヶ月で結婚するが、招待客はほとんど姿を見せなかった。花嫁は泣いていたという。

代償《だいしょう》は大きかった。婚礼からわずか一ヶ月後、ボスウェルとメアリーの軍隊は、メアリーの異母兄マリ率いる軍隊に敗れる。湖の島にある古城に幽閉されたメアリーは、彼女に同情した小姓《こしょう》の手引きでいったんは脱出に成功し、再度兵を挙げるが、抵抗もここまでだった。戦闘はわずか一時間で決着し、ふたたび敗軍の将となったメアリーは、三日三晩馬を駆り、海辺へとたどり着く。行き先はふたつあった。フランスか、イングランドか。フランス宮廷へ戻ればあのメディチ女に膝を屈しなければならない。それには耐えられそうもなかった。イングランドへ行き、エリザベスに保護を求めよう。会ったことはないけれど、「姉」「妹」と手紙で書き合う仲ではないか。宮廷に迎えてくれるだろうし、後継者にしてくれるかもしれない。だって私には、イングランドの王位継承権があるのだから。

誇りとないまぜの楽観。政治で苦労したことのない、温室育ちの姫君の限界だった。

正反対だったふたりのプリンセス

エリザベスは苦労人である。母親のアン・ブーリンは父親のヘンリー八世に首を斬られ、嫡子として生まれた彼女は庶子の身分に落とされた。父親が亡くなり、エドワード六世として即位した跡継ぎの王子が一五歳の若さで世を去ると、異母姉メアリーが王座につく(メアリー一世)。メアリー一世の母キャサリンは、エリザベスの母アン・ブーリンのために離縁されたから、メアリー一世がエリザベスを憎むのは当然だった。物心ついたころから命や地位を脅かされ、一度は謀反《むほん》の疑いをかけられて、姉の手でロンドン塔に送り込まれるという憂《う》き目にもあったエリザベスは、美貌にも才気にも十分恵まれていたにもかかわらず、それを誇らず、心のうちを他人に明かさない用心深さを身につけて成長する。スペイン国王フェリペ二世との結婚に破れ、子宝をもうけることもかなわずに姉メアリー一世が世を去ったとき、エリザベスの長い忍耐の年月が終わった。臣下に恵まれた――ということは彼女の政治的手腕が優れていたこととイコールだと思うが――エリザベスの王国は、イングランド史上初の女王となったメアリー一世の時代より安定し、彼女の王座は半世紀近く続く。

スコットランドからメアリー・ステュアートが駆け込んできたのは、そんなときだった。エリザベスがメアリーの処遇に困惑したのは当然である。まず自分と同じヘンリー七世を祖父に持つメアリーは、イングランドの王位継承権を持っている。さらに困ったことに、メアリーはカトリック教徒だった。前女王のメアリー一世もカトリックで、プロテスタント（英国国教会）を弾圧し（そのため彼女は「ブラディ・メアリー＝血まみれのメアリー」と呼ばれる）、国民から反発を買っていた。だからエリザベスは、自身は国教会の信徒だったが、カトリックを受け入れる政策へと転換したのだ。しかしそれに不満を抱くカトリック教徒は少なくなかった。メアリーがイングランドに入れば、復権を狙うカトリック勢力が彼女を担ぎ出そうと考えても不思議ではない。イングランドに上陸したメアリーは、エリザベスにとって厄介者《やっかいもの》以外の何ものでもなかったのである。宮廷に迎えるなど、できるわけもなかった。自由を縛《しば》り、監視下に置く以外に、何ができただろうか。実際、メアリーをかつぐ陰謀もたびたび企まれたのである。メアリーのほうで応えた形跡もある。彼女にしてみれば、まっとうに遇《ぐう》されていない不満があったから当然なのだろうけれど。しかしそのことによって自分の存在の危うさが拡大し続けることに、メアリーは気づいていただろうか。

膠着《こうちゃく》はおよそ二〇年続いた。その間メアリーは、数ヶ所の城を転々とした。宮廷を持つことも許されたし、それなりに贅沢もしていたけれど、自由はなかった。彼女の地位や魅力に惹かれたひとびとが何度か救出を企て、メアリーも絶え間なく機会をうかがい、ヴァチカンやスペインと連絡を取り続けた。やがてエリザベスと側近たちはひそかに決意する。メアリーは、エリザベスなら決して渡らない橋を渡ってしまう。それも、繰り返し。

「反乱者」に選ばれたのは、カトリックのバビントン卿。エリザベスを暗殺し、メアリーをイングランドの王位につけるという計画に、罠《わな》とも知らずに飛びつき、すべて読まれているとも知らずに、メアリーに手紙を送り続けた。作り上げられた「証拠」が押さえられたとき、メアリーの死も確定する。メアリーは「囚人」としてオペラの舞台でもあるフォザリンゲイ城に移され、断頭台に上がった。享年四五。赤い裏地のついた黒のサテンのドレス姿で処刑に臨んだメアリーは最後のときまでエレガントだったが、首切り役人が彼女の首を掲げたとき、かつらが外れて役人の手に残り、白髪頭《しらが》が転がったという。

最後まで脱出を諦めず、最後まで協力者が現れ続けた点で、メアリーとマリー・アントワネットは共通する。彼女たちには、それだけ人を惹きつける魅力があったのだろう。

エリザベスは悪女？

メアリー・ステュアートの悲劇は、直後から多くのひとびとの関心を呼んだ。とくに一九世紀、ロマン派の時代の絶頂期には、劇作品から音楽まで、彼女をテーマにした作品が次々と誕生する。一八〇〇年に書かれたフリードリヒ・シラーの戯曲はその代表格だろう。二〇世紀に成立したシュテファン・ツヴァイクの傑作伝記小説が、心理への想像力を羽ばたかせるために事実を精巧に積み重ねる形で書かれているのに対して、思い切りよく脚色されているシラー作品には、ロマン主義の熱気が充満している。シラーは物語をメアリーの人生の最後の三日間に絞り、ふたりの女性主人公を史実より若く設定し、実際には一度も行われることのなかったエリザベスとメアリーの会見というフィクションを創造して、物語のハイライトに据えた。はじめこそしおらしかったものの、エリザベスに見下されるとたちまち牙をむいて本音をさらけだしたメアリーは、頭ごなしに非難を浴びせるエリザベスに向かって「私を跡継ぎに」と口走り、その返答として、男たちを惑《まど》わせ、夫を殺したと断罪されると、「私生児」「世が世ならあなたは私の足元にひざまずいているはず」だとエリザベスを罵る。「私生児」はエリザベスにとって禁句だった。なぜなら彼女の母のアン・ブーリンは、不貞のかどで処刑されたとき妃の位を剝奪《はくだつ》されたため、その角度から見ればエリザベスはたしかに「私生児」だったからである。そしてこのことこそ、歴史上メアリーがたびたび自分のイングランド王位を主張した根拠となったのだ。権力の座にあるエリザベスに、権力を失ったメアリーが勝利する。しかもその場面を演出したのは、自分がかつて寵愛したレスター伯爵だった。罵声はそのレスターの眼前で浴びせられたのだ。激怒したエリザベスはその場を去り、メアリーの死刑執行令状に署名する。

シラーは権力者のエリザベスを悪役として描いた。だが彼女は同時に、男に背《そむ》かれる哀れな女としても描かれている（《アイーダ》のアムネリスのように）。メロドラマの男性主人公として登場するレスター伯爵は、実際エリザベスの愛人だったと噂されている人物だが、劇中ではもはやエリザベスを愛しておらず、メアリーを熱愛しているという設定になっている。他の男性もメアリーを助けようと画策し、それと引き換えに彼女に言い寄る。女の魅力という点では、メアリーのほうが圧倒的に優勢なのだ。

この点はおそらく事実だっただろう。実際エリザベスは、一度も会わなかったメアリーの美貌の噂を絶えず気にしていた。スコットランド大使に向かって、自分と彼女のどちらが美しいか繰り返し問いただしたのは有名な話だ。さらにメアリーは、エリザベスに対しては一点の罪も曇りもないと信じている（たとえ反逆を企てていても）。ただ彼女の胸を嚙《か》んでいるのは、かつて夫のダーンリ暗殺に加担した罪の意識だった。メアリーが死を受け入れるのは、それに対する償《つぐな》いという気持ちもあるとシラーは想像している。

いずれにせよ、シラーはエリザベスよりメアリーに共感を寄せている。権力に抵抗するひとびとを崇高《すうこう》に描くことを好んだシラーにとって、メアリーはこの点でも好みの人物だったのかもしれない。

《マリア》を救ったマリア

シラーの戯曲がイタリアで初演されたのは一八三〇年、ミラノでのことである。訳者はアンドレア・マッフェイ。シラーやシェイクスピアの紹介者として知られ、ヴェルディとも親交があった。やはりシラーの原作によるヴェルディのオペラ《群盗》は、マッフェイが台本を書いている。妻のクララ・マッフェイはミラノで有名なサロンを主催しており、社交は妻のほうが得意だったらしい。

ちょうど《アンナ・ボレーナ》の初演の関係でミラノに滞在していたドニゼッティは、

おそらくこの戯曲上演に接したと思われる。《アンナ》の続編として《マリア》を構想することがひらめいても不思議ではない（エリザベッタはアンナの娘なのだから）。加えて「スコットランド」は、フランスやイタリアの劇場ではちょっとしたブームだった。遠く離れた島国の一角、自然に恵まれ、未知の地であり、ロマンティシズムの舞台として絶好の国。スコットランドの湖に現れる謎の美女をめぐる騎士道物語で、一八一九年にナポリのサン・カルロ劇場で初演されたロッシーニの《湖上の美人》（原作はスコットランド出身の人気作家ウォルター・スコット）は、オペラにスコットランド趣味を取り入れた最初の成功作だった。

それから一五年後、ドニゼッティは、同じナポリのサン・カルロ劇場からの依頼に際して《マリア・ストゥアルダ》を提案する。台本は売れっ子のフェリーチェ・ロマーニに頼むつもりでいたが、ロマーニが忙殺されていたため、一七歳のジュゼッペ・バルダーリに書かせることになった。若く未経験なバルダーリは、実質的にはドニゼッティが構想した台本を韻文《いんぶん》に書き起こす役割を担ったというのが実態らしい。

ドニゼッティはタイトルロールに、当時の恋人でもあったお気に入りのプリマドンナ、ジュゼッピーナ・ロンツィを考えていた。相手役のエリザベッタはアンナ・デル・セッレ。ロンツィに対抗意識を燃やすセッレは、リハーサル中からふたりの女王の対決場面で彼女と張り合い、うんざりしたドニゼッティは「主役のふたりは娼婦だが、あなた方ふたりも同じ娼婦だ」と彼女たちを罵倒した。騒動の噂に、巷《ちまた》の期待感が高まったのは言うまでもない。しかしゲネプロ（最終リハーサル）後、ナポリを治める両シチリア王国の国王から横やりが入り、初演は流れてしまう。シラーの戯曲が許容されたミラノや北イタリアと違い、シチリア王国は保守的で、舞台で王族の処刑を扱うことに待ったがかかったのだ。オペラは《ブオンデルモンテ》と名前を変え、内容も一新されて舞台にかかる。

《マリア》を救ったのは、やはりマリアという名のプリマドンナだった。マリア・マリブラン。歌手と女優の才能を持ち合わせたプリマとして絶大な人気を誇ったマリブランが《マリア・ストゥアルダ》に惹かれ、歌いたいと望んだのだ。復活した《マリア》は、一八三五年の暮れにスカラ座で初演にこぎつける。

マリア・マリブラン（フランソワ・ブーショ画、1834年、部分）

だがミラノの聴衆にとっても内容は衝撃的で、上演は間もなく禁じられてしまった。ドニゼッティは《マリア》のきちんとした上演を諦めてしまう。自筆譜は失われ、その後散発的に行われた上演には、さんざん手が入った楽譜が使用された。今日、彼の最高傑作のひとつと評価されているのにもかかわらず、《マリア・ストゥアルダ》が長いあいだ眠っていた背景には、このような理由があったのだ。何しろ自筆譜がふたたび発見されたのは、二〇世紀も後半のことだったのだから。

オペラはよくできている。原作の五幕は三幕へと短縮され、主題は第二幕におかれたふたりの女性の葛藤にしぼられた。さらに第一幕にはエリザベッタの、第三幕にはマリアの見せ場が作られている。ふたりの女王とレスター伯爵はロマン派オペラに典型的な三角関係に陥っているが、男の影は薄い。とはいえ、歴史を賑《にぎ》わせたふたりの女王の対決の前では、おそらくどんな男もかすんでしまうと思うのだが。

推薦ディスク

◆レミージョ、ガナッシ、カレヤほか　カルミナーティ指揮　エスポジト演出　ベルガモ・ドニゼッティ劇場管弦楽団、合唱団　ダイナミクス
ドニゼッティの故郷ベルガモの劇場での収録（二〇〇二年）。今をときめくスター歌手たちの若々しくみずみずしい歌唱が楽しめる。

◆ディドナート、デン・ヒーヴァー、ポレンザーニほか　ベニーニ指揮　マクヴィカー演出

メトロポリタン歌劇場管弦楽団、合唱団　ヴァージンクラシックス
本作の「メトロポリタン歌劇場初演」となった、記念すべき公演の映像（二〇一三年、本書のオビの写真）。ヒロイン役ディドナートの圧倒的な演唱が素晴らしい。

三　メロドラマの題材になった「処女王」――ロベルト・デヴェリュー

《ロベルト・デヴェリュー》
作曲　ガエタノ・ドニゼッティ
台本　サルヴァトーレ・カンマラーノ
初演　一八三七年　ナポリ、サンカルロ劇場

あらすじ

一六世紀末のロンドン。女王エリザベッタ（エリザベス）は、アイルランドの反乱を平定するために恋人のロベルト・デヴェリュー（ロバート・デヴルー）を派遣したが、ロベルトは命令に反して和睦《わぼく》を結び、反逆罪に問われていた。エリザベッタはロベルトを救おうと彼と面会し、万一の場合の身の安全を保障する指輪を与えるが、彼の心が自分から離れていることに気づいて嫉妬する。

果たしてロベルトにはサラという恋人がいた。しかし彼女は、ロベルトのアイルランド

戦役中に、女王の命令でロベルトの友人でもあるノッティンガム公爵に嫁いでいた。人目を忍んで再会したサラとロベルトはもう会わないことを誓うが、ロベルトは愛の証に女王から贈られた指輪をサラに渡し、サラは愛の告白を刺繡《ししゅう》したハンカチをロベルトに贈る。

議会はロベルトに、反逆罪で死刑を言い渡した。逮捕されたロベルトの持ち物からサラのハンカチが発見され、嫉妬のあまり逆上したエリザベッタは死刑執行令状に署名する。ロベルトの助命を願い出たノッティンガム公爵も妻の心を知って衝撃を受け、妻が女王のもとへロベルトの助命を乞いに行くのを妨げる。絶望し、処刑台へ曳かれていくロベルト。

苦悶《くもん》するエリザベッタのところに、指輪を手にしたサラが現れた。エリザベッタは処刑を中止させようとするが時すでに遅く、処刑を告げる大砲の音が聞こえる。狂乱するエリザベッタは、苦悶の果てに、甥のジャコモ（ジェームズ）に王座を譲ることを宣言する。

「処女王」エリザベス１世（1533～1603、肖像は1575年ごろのもの、部分）。生涯独身で子のなかった彼女の後は、ライバルであったメアリー・ステュアートの息子ジェームズ１世が継いだ

「イングランド」と結婚した「処女王」

「処女王」

イングランドのエリザベス一世は、そう呼

ばれる。

生涯結婚しなかったのは事実だ。求婚者はあまたいたが、のらりくらりと返事を延ばしてプロポーズを自然消滅させた。なにしろイングランドという持参金つきだから、花婿候《はなむこ》補が殺到するのは当然だが、そのなかには異母姉で先代の女王メアリー一世の夫だったスペイン国王フェリペ二世までいたから恐れ入る。求婚を断られたからというわけではないが、フェリペは後に自慢の無敵艦隊をイングランドに派遣し、大敗を喫する憂き目（アルマダの海戦）にあった。

未婚の女王は、「処女」を自分のイメージとして活用した。処女王は女神にもたとえられ、肖像画で神格化された。父のヘンリー八世が始めたイギリスのプロテスタントである国教会の教会には、聖母マリアの肖像画に代わってエリザベスの肖像が飾られた。肖像画のなかの女王はしだいに年齢不詳になり、豪華な衣装や宝石、純潔をあらわすふるいをはじめさまざまなアトリビュート（持ち物。歴史上の人物や神話上の神と結びつけられたもの）で演出されるようになる。

だが実際の女王が「処女」だったかどうかは疑わしい。彼女が四五年という長い治世を全うできたのは、ひとを見る目があり、すぐれた臣下に恵まれたことが大きいが、一方で政治家としてより男性として惹かれた「寵臣《ちょうしん》」もあまたいた。女王は寵臣を甘やかし、地位や収入を与え、ふたりきりで休暇を過ごし、ときに夜明けまでダンスやゲームに興じた。

それでも女王は「処女」を謳うことをやめなかった。エリザベスと熾烈《しれつ》な争いを繰り広げたメアリー・ステュアート（《マリア・ストゥアルダ》の章参照）や、しばらく後のロシアに君臨した女帝エカテリーナ二世が、結婚や恋愛を繰り返し、「女」であることを堂々と謳歌したのとは対照的である。女であることを追い求めるあまり破滅したメアリーの人生を目の当たりにしたことも、エリザベスの未婚の決意を後押ししたかもしれない。

エリザベスがメロドラマのヒロインとして登場するとき、愛を諦めた哀れな女に位置づけられがちなのは、「処女王」を貫いた代償だろう。アルバート公という伴侶《はんりょ》にめぐりあって幸せな家庭生活をおくった一九世紀のヴィクトリア女王や、やはりフィリップ公という伴侶を得て、（内実はどうあれ）家族としても国民の範であろうとつとめている現在のイギリス女王エリザベス二世と違い、エリザベスは玉座と恋の両方を堂々と手に入れることはできなかった。いや、しなかったというべきだろう。彼女は「イングランドと結婚して夫を持つ身」（本人の言葉）だったのだから。

民衆を魅了した女王

《マリア・ストゥアルダ》の章でも触れたように、アン・ブーリンとヘンリー八世との間に生まれたエリザベスは、苦労の多い少女時代を過ごした。異母姉のメアリー一世に憎まれ、謀反の疑いをかけられてロンドン塔に収監されたことは前章で記したが、そのような経験がエリザベスの慎重な性格を育んだといえよう。「これは主の御業《みわざ》」。諦めかけていた王座に推挙されたエリザベスは、『詩篇』に出てくるラテン語のその言葉を思わず口にしたという。

実はエリザベスは少女時代に、異性関係においても身のすくむような経験をしている。彼女をかわいがってくれ、いっとき同居していたヘンリー八世の最後の妻キャサリン・パーと再婚した、海軍卿トーマス・シーモアへの初恋である。男らしく豪快で、宮廷で一、二を争うモテ男だったシーモアは、キャサリン・パーがヘンリーに嫁ぐ前に、彼女と恋人同士になっていた。だが国王の望みとあっては仕方なく、キャサリンを諦めたのである。

未亡人になったキャサリンは、かねてからの恋人だったシーモアと正式に結婚する。

しかしシーモアは女性に関しても地位に関しても野心家だった。同じ屋根の下に住み、王位継承権を持つ利発な美少女に、シーモアが惹かれるのは当然だった。エリザベスも自分に惹かれていることを見て取ったシーモアは、エリザベスの部屋に押しかけて戯《たわむ》れかけるようになる。たちまちふたりの間柄は噂になり、義理の母キャサリンは心を痛めた。ある日シーモアがエリザベスを抱擁している様子を目撃したキャサリンは、エリザベスを友人夫妻に預けようと決める。

シーモアやキャサリンとの別離は辛かったが、結果的にエリザベスは難を逃れることになる。シーモアが実際に反乱を画策し、大逆罪で捕らえられたのだ。三三にのぼったシーモアの罪状のなかには、エリザベスとの結婚を企てたこともあがっていた。エリザベスも取り調べを受け、彼女の養育係夫妻ら関係の深いひとびとも投獄されてしまう。王位継承権を持つ者が結婚を考えるとはどういうことか。エリザベスはこの事件を通じて、その恐ろしさを思い知ったにちがいない。

即位したエリザベスへの期待は大きかった。国民は、妻をとっかえひっかえして国内外を驚愕させたヘンリー八世や、プロテスタントを弾圧し、「血まみれのメアリー（ブラディ・メアリー）」と呼ばれたメアリー一世らの治世にうんざりしていたのだ。

エリザベスは期待に応えた。戦争は好まず（出費を嫌ったという説もある）、交渉ごとは持久戦でねばり勝ち、巧みな演説で人心をつかんだ。六ヶ国語に精通し、読書を好み、音楽や踊りをよくしたことも、ひとびとを魅了した大きな要素だった。

女王の「結婚」も、上下階層を問わず、イングランドに住むひとびとの大きな期待だった。結婚しない女性君主など、およそ存在しなかったからだ。女性だからこそ、国を護《まも》るために結婚することが望まれた。しかしエリザベスがその期待に応えなかったのは、前にも触れた通りである。

寵臣たちの影

一方で、女王の身辺にはつねに寵臣の影があった。噂にのぼった女王の寵臣たちのなかでも、レスター伯爵ロバート・ダドリーとエセックス伯爵ロバート・デヴルーは、とりわけ寵が厚かったことで有名である。

同年のダドリーはエドワード六世の王子時代の遊び友達であり、エリザベスとは幼馴染みの間柄だった。エリザベスがメアリー一世に迫害されて困窮していたときには、土地を売ったりして助けてくれた恩人でもあった。ダドリーは、投獄経験までエリザベスと共有している。エドワード六世の側近だったダドリーの父ジョン・ダドリーが、エドワードの没後、ヘンリー七世の孫で、エリザベスに次ぐ王位継承権を持ち、かつ息子の嫁だったジェーン・グレイをかついで反乱を起こし、失敗して処刑されたのである。ジョン・ダドリーはプロテスタントだったので、カトリックのメアリーが即位するのをはばもうとしての行動だった。五男だったロバート・ダドリーもロンドン塔に放り込まれるが、その時期はエリザベスがロンドン塔に投獄されていた時期とも重なっている。実際、獄中のふたりの間にはやりとりもあったらしい。後に即位したエリザベスがダドリーを重用したのは、多分に同志的な意識もあったのではないだろうか。

エリザベスが女王に即位したとき、ダドリーはすでに結婚していたが、エリザベスはかまわず彼を重用した。自分の身辺警護係である主馬頭《しゆめのかみ》に抜擢《ばってき》し、宮殿内に住まわせた。長身の美男子で、教養もあり、演劇や乗馬など女王と共通の趣味を持つダドリーとエリザベスは急速に接近する。ひとびとはダドリーに対する女王の「大いなる寵愛」を噂し、ふたりの結婚も囁かれた。寵をかさにきたダドリーは我が物顔に振る舞い、宮廷内に多くの敵を作る。女王が即位して以来の重臣で、国務長官という要職にあったウィリアム・セシルは、女王がダドリーにのめりこみ、結婚しようとしている、この国は滅びるだろうと本気で心配していた。セシルはさらに、ダドリーが妻のエイミー・ロブサート殺しを画策しており、エイミーが怯えているといっている。

エリザベスの寵厚かったロバート・ダドリー（1533～1588、左、肖像は1564年ごろ、部分）とロバート・デヴルー（1566～1601、ウィリアム・セガール画、1588年、部分）

セシルの言葉は現実になる。エイミーが、階段から転落して変死したのである。女王の愛人が妻を殺したという噂は、たちまち国内外に広がった。女王の名誉がいちじるしく傷ついたことはいうまでもない。心痛もあってか天然痘《てんねんとう》を患《わずら》い、生死の境をさまよったエリザベスは、ダドリーとの結婚を諦める。もちろん寵臣としての扱いは変わらず、爵位や収入を与えることはやめなかったが。

当時はまだスコットランド女王で、最初の夫だったフランス国王フランソワ二世を喪い、未亡人だったメアリー・ステュアートに、花婿候補としてダドリーを推薦するという妙な振る舞いに出たのも、このころのことである。ちなみに《マリア・ストゥアルダ》の章で触れたように、同作に登場するマリア（スコットランド女王メアリー）の恋人レイチェステルは、レスター（レイチェステル）伯に叙せられたダドリーがモデルになっている。ダドリーはメアリーに同情していたようだが、恋人同士だったという事実はない。なのにふたりが恋人同士に仕立てられているのは、この奇妙な縁談も一役買っているのかもしれない。

まもなくダドリーは秘密裡に再婚。エリザベスは怒り、彼の結婚を認めようとしなかった。ダドリーは五五歳で世を去り、エリザベスの寵も別の臣下に移る。だが一六〇三年、永遠の眠りについたエリザベスの枕元の小箱から出てきた古びた手紙は、ダドリーからの最後の手紙だった。女王にとってダドリーは、やはり人生最高の「恋人」だったのだろう。

若き恋人の処刑

「テューダー朝三部作」に先立つドニゼッティのテューダー朝オペラ、《ケニルワース城のエリザベッタ》（一八二九年初演）は、エリザベス、ダドリー、エイミーの三角関係を描いたオペラである。寵臣ダドリーがエイミーと結婚するのをエリザベッタが許すという筋書きで、ロマン派につきものの三角関係と、絶対王政時代の名残である君主の美化が同居したストーリーである。史実と異なるどころではないのだが、原作は当時の人気作家ウォルター・スコットによる小説で、繰り返しオペラ化された。初演も不評だったらしいが、ドニゼッティ作品が再評価されつつある今日でも、《ケニルワース》が他のドニゼッティのテューダー朝ものに比べて今ひとつ上演の機会に恵まれないのは、荒唐無稽な物語のせいもあるのではないだろうか。

ロッシーニの《エリザベッタ、イギリス女王》（一八一五年初演）も、エリザベスとダドリーの関係を扱ったオペラである。《ケニルワース》同様、ナポリのサンカルロ劇場で初演されたオペラで、女王が嫉妬や葛藤の果てに恋人レイチェステルの「秘密の結婚」を許すというストーリーも《ケニスワール》と似ている。音楽は充実しているが、物語や人物の設定は、《ケニルワース》に勝るとも劣らず史実からかけ離れている。なにしろレイチェステルの秘密の妻が、メアリー・ステュアートの秘密の娘という設定だったりするのだから……。

レスター後のエリザベスの新しい恋人は、オペラの主人公ロバート・デヴルーである。女王より三三歳年下だった。女王とは母と息子どころか、当時の常識からいえば祖母と孫といってもいい年齢差である。だが美男に弱かったエリザベスは、若く美しいデヴルーに夢中になった。実はデヴルーはダドリーの二人目の妻の連れ子で、だからダドリーの義理の息子ということになる（本当の息子だという説もある）。エリザベスがデヴルーに情熱を燃やしたのは、ひょっとしたら彼とダドリーとの関係もあったのかもしれない。

くつわを並べて馬を駆り、明け方まで語り合う生活。老いの声にさらされた五三歳の女王は、二〇歳の若い寵臣に入れ込んだ。秘書官に取り立て、爵位を与え、ワインの特許権を与えて莫大な収入が得られるように取りはからった。若く、見栄っ張りで功名心の強いデヴルーが、ダドリーにも増して舞い上がったのは当然だった。スペイン攻略の司令官に志願して成功したことが、デヴルーをさらにつけあがらせる。

だがその後の遠征は失敗続きだった。その最たるものが、命取りとなったアイルランドへの出兵である。当時のイギリスの最大の悩みだったアイルランドの反乱に、自ら名乗り出て鎮圧《ちんあつ》に出向きながら、いたずらに資金を浪費し、母国からの命令を無視して和睦を結び、結果的に失敗した。身勝手な行動を非難されると、急ぎ帰国して朝っぱらから女王の私室に押しかけ、弁解につとめた。さすがに怒った女王は、デヴルーを公職から追放し、蟄居《ちっきょ》を命じる。憤慨したデヴルーは反乱を企て、仲間を集めてロンドン市内に繰り出すが、あてにしていた市民たちの支持はまったく得られず、わずか一二時間で捕縛。ロンドン塔に収監され、処刑された。女王にためらいはなかった。死刑執行令状は、裁判の翌日に署名されたという。

とはいえ、エリザベスに苦悩や後悔がなかったわけではない。食欲がなくなり、神経過敏になり、奇妙な行動が増えた。部屋に何日も閉じこもり、泣き続けたこともあったという。そのことを考えると、オペラの結末でエリザベッタが狂乱するのは、まったくの事実無根でもない。この事件がきっかけで、ジェームズ（オペラのジャコモ）を後継者に指名したというのは、まったくのフィクションだけれど。

舞台芸術で描かれ続けたエリザベス

女王が寵臣を処刑するというショッキングな結末を迎えたエリザベスとデヴルーの物語は、直後からメロドラマの題材として取りざたされた。一七世紀のフランスでは、あのコルネイユの息子トマ・コルネイユや、ゴティエ・カルプロネードといったひとびとが、イギリス宮廷の犯罪という側面も意識しつつ、この物語を戯曲化している。その後もこの題材は好まれつづけ、ロマン派の時代に人気は頂点に達して、戯曲からオペラ、バレエまであらゆる舞台芸術の材料になった。ドニゼッティのオペラの原作でもあるジャン・アンスロの悲劇『エセックス伯爵』（一八二九）や、ルセーヌ・デメゾンの『イギリス女王エリザベスとエセックス伯爵の秘められた愛の物語』といった作品群はその典型である。

実際にオペラの種本となったのは、フェリーチェ・ロマーニが台本を書き、サヴェリオ・メルカダンテが作曲したオペラ《エセックス伯爵》（一八三三初演）である。ロマーニはドニゼッティの出世作で、エリザベス女王の母アン・ブーリンを主人公にした《アンナ・ボレーナ》の台本作者でもあった。

あらすじを見れば分かるように、オペラは史実とはかなり異なっている。なにより目立つのは、エリザベスがデヴルーの処刑を決心する理由が、反乱ではなく、彼の（架空の）恋人への嫉妬だということだろう。デヴルーはエリザベスの女官たちから、宮廷内の男性にまで手を出す漁色家だったが、そのことが実際の女王を追い込んだわけではない。エリザベスは反乱を容赦しなかった。たとえ当事者が恋人であっても。

とはいえ、エリザベスが嫉妬深かったのは事実だ。前述したように、ダドリーの再婚も認めないままだった。嫉妬心は異性に向けられただけではなかった。エリザベスは、他人が自分より目立つのを嫌った。デヴルーが軍功をあげ、国民に人気が出ると、露骨に嫌な顔をした。メアリー・ステュアートとの関係では、前述のように、メアリーが美人だという評判を気にし、スコットランドの外交官に、自分とメアリーのどちらが美しいか執拗に尋ねたという。

自分がいちばん。エリザベスは、いわゆる女王気質のかたまりだったのだ。そうでなければ、王国のトップにいつづけることなどできなかったのかもしれない。オペラのなかのエリザベスがつねに加害者の立場にいるのは、いたしかたないことなのだろう。

オペラ《ロベルト・デヴェリュー》に見られるような脚色は、多分に時代の産物である。恋愛と嫉妬、三角関係、潔白な（つまり男女の関係はない）「恋人」、悲劇を導くハンカチや指輪といった小道具……。これらはすべて、ロマン派が好んだアイテムだった。加えて、ドニゼッティは彼らの感情の発露に惹かれた。作曲直前に、最愛の妻のヴィルジーニアを産褥《さんじょく》の床で失ったことも、ドニゼッティの感情表現を深めるのに役立ったかもしれない。

推薦ディスク

◆グルベローヴァ、アロニカほか　ハイダー指揮　ロイ演出　バイエルン国立歌劇場管弦楽団、合唱団　デッカ

グルベローヴァは本作を現代に復活させた名歌手のひとり。エリザベッタを女社長になぞらえた演出は現代的だが、白熱の演唱が堪能できる。

第三部　大国の栄光と没落
――スペイン、ロシア、スウェーデン

ドン・カルロ（1545～1568、アロンソ・サンチェス・コエリョ画、1558年ごろ）

一　「太陽の沈まぬ国」の虚と実——ドン・カルロ

《ドン・カルロ》（イタリア語表記。フランス語《ドン・カルロス》）

作曲　ジュゼッペ・ヴェルディ
台本　フランソワ＝ジョゼフ・メリ、カミーユ・デュ・ロクル（フランス語初演版）
初演　一八六七年　パリ、オペラ座
　　改訂イタリア語四幕版（ミラノ改訂版）　一八八四年　ミラノ、スカラ座

あらすじ

（あらすじ、人名表記とも、現在もっとも上演回数が多いミラノ改訂版〔イタリア語四幕版〕に準じる）

一六世紀のスペイン。カトリックを奉じる国王フィリッポ（スペイン名フェリペ）二世は、領土のフランドルで勢力を拡大しているプロテスタント教徒を厳しく弾圧していた。一方で彼は、妃のエリザベッタ（スペイン名イサベル）が息子のドン・カルロ（スペイン名ド

ン・カルロス）と通じているのではないかという疑いに悩まされている。というのもエリザベッタは、もともとカルロと婚約していたのに、フランスとの和平の条件として急遽《きゅうきょ》フィリッポに嫁ぐことになったのだ。

事実、もと婚約者同士は互いへの想いを断ち切れずにいる。とりわけカルロの恋心は激しかった。カルロの幼なじみでもあるポーザ侯爵ロドリーゴは、道ならぬ恋を諦めてフランドルを統治するようカルロに説く。その気になったカルロは、新教徒の火刑の日、自分にフランドルを任せてくれるよう父王に願い出るが、冷たく拒絶されて剣を抜き、反逆の罪で捕らえられる。異端審問所の長である大審問官に、息子を処刑するべきか問いかけたフィリッポは、息子どころか信頼するロドリーゴも処刑しろと迫られる。新教徒への共感とカルロへの友情から、反乱の罪を一身に背負い、射殺されるロドリーゴ。友の遺志を継ごうとフランドルへ赴《おもむ》く決意をしたカルロは、エリザベッタに最後の別れを告げるが、父王と大審問官が現れてカルロを捕らえようとする。だがそこに、フィリッポの父で神聖ローマ帝国の皇帝カール五世の亡霊が出現し、カルロを連れ去るのだった。

オペラと違った「不肖の息子」

《ドン・カルロ》は、いわゆる「歴史もの」のオペラのうちでも、背景をさぐってみたくなる作品の最右翼ではないだろうか。主役の大半は実在の人物だし、「太陽が沈まない帝国」と称されたスペイン帝国の黄金時代という時代設定も魅力的だ。かつては長大で難解だと敬遠されがちだったが、近年飛躍的に上演の機会が増えている。道ならぬ恋、友情、政治と宗教など、さまざまなテーマを内包した物語と音楽の深さ、美しさが認められるようになったからだろう。となれば、主役たちの実像についても知りたくなって当然である。

オペラ《ドン・カルロ》の主要登場人物は六人いるが、そのうち四人は実在の人物だ。フェリペ二世（オペラのフィリッポ二世。以下カッコ内はオペラでの名前）、ドン・カルロス（ドン・カルロ）、王妃イサベル（エリザベッタ）、そしてエボリ公女（同）である。このうち歴史上の有名人といえばフェリペ二世だが、ドン・カルロスの名前も、オペラとその原作となったフリードリヒ・シラーの戯曲『ドン・カルロス』を通じて、かなり知られるようになった。

だがややエキセントリックな性格とはいえ、理想主義者の青年として描かれているオペラや戯曲と違い、実在のカルロスは心身ともに不出来な「不肖の息子」だった。フェリペの長男で、彼の最初の妻となったポルトガル王女マリア・マヌエラとのあいだに生まれたカルロスは、出産後四日で世を去った母が文字通り命がけで生んだにもかかわらず、生まれつき虚弱だった。父王の結婚式や自らのお披露目《ひろめ》の議会など、肝心のときに体調を崩す頼りなさ。性格も落ち着きを欠いていて、外国の大使たちを「しばしば精神錯乱状態になる」「七歳の幼児のよう」「食べることにしか興味がない」などと呆れさせている。いわゆるお勉強も苦手で、アルカラの大学で学んでいたときもまるで勉学に身が入らず、あまつさえ下働きの娘を追い回して階段から転げ落ち、怪我をするという不祥事まで起こした。臣下に対する態度も場当たり的で、乱暴を働くこともめずらしくなかった。父王フェリペは、むしろ息子の狼藉の尻拭《しりぬぐ》いに苦労していたのである。カルロスが王位を継ぐにふさわ

父カール5世（カルロス1世）とともにスペイン黄金期を築いたフェリペ2世（1527～98）。アントニス・モルによる肖像（1557年、部分）

オペラとは異なり、実際には「不肖の息子」だったとされるドン・カルロス（1545～68）。アロンソ・サンチェス・コエリョによる肖像（1564年、部分）

しいか、フェリペが思い悩んだのは当然だった。オペラの幕切れでカルロスを連れ去る、彼の祖父でフェリペの父にあたるスペイン国王カルロス一世にして神聖ローマ帝国カール五世も、オペラのように孫に肩入れしたわけではまったくなく、注意散漫で、おまけに自分が大切にしているストーブを欲しいと駄々をこねるカルロスにうんざりしたという。

悩ましい息子は、案の定反旗を翻した。ネーデルラント（「フランドル」とも呼ばれる。現在のオランダ、ベルギー、北仏地域）のプロテスタントと手を結んで、父王からネーデルラントを奪い取ろうとしたのである（このあたりはオペラにも登場する）。カルロスは、父を憎んでいると聴聞司祭《ちょうもんしさい》に告白し、あげくの果ては兄弟のように育ったフェリペの異母弟ファンに、反逆の計画を打ち明ける。ファンがフェリペに注進したのはいうまでもない。

息子だろうと、反逆者を放置しておくわけにはいかなかった。フェリペは息子を幽閉し、半年後にカルロスは世を去る。死因ははっきりしないが、生来の異様な食癖が命取りになった可能性もある。捕われの身の絶望ゆえか、カルロスは絶食したかと思うと大量に食べることを繰り返し、体調を崩したらしい。最後は水だけを飲み、死に至ったという。

美化された王子

王子は実は暗殺された。そんな噂が立ち始めたのは、カルロスの死後二、三ヶ月もたたないころだった。数年後、ネーデルラントの独立運動（オランダ独立運動）を指導することになるオレンジ公ウィリアムが、手を下したのはフェリペだと言い始める。この話には尾ひれがついていた。カルロスの死後まもなく亡くなった王妃イサベルも、フェリペが殺したというのである。

もちろん根も葉もない主張である。イサベルは産褥の床で亡くなった。カルロス同様、イサベルも体は弱かった。ただ、年齢が近いこともあり、ふたりは宮廷のなかでは比較的仲がよかったと伝えられる。当初ふたりが婚約していたのは、前にも述べた通りだ。そのようなエピソードが、シラーの戯曲の、そしてその戯曲の下敷きになったフランスの僧侶兼作家セザール・ビシャール・ド・サン・レアルの歴史小説『ドン・カルロス』（一六七二）で設定された、カルロスとイサベルの道ならぬ恋のヒントになったのだろう。フェリペとイサベルの夫婦仲はけっして悪くなく、イサベルはフェリペとのあいだに王女をふたりもうけているし、フェリペは贅沢好きなイサベルの浪費を、むしろ楽しげに眺めていたという。

レアルの『ドン・カルロス』は、カルロスとイサベルが恋人同士だったというフィクションから出発している。オペラに登場するポーザ侯爵ロドリーゴは架空の人物だが、彼もレアルが創造した。最後はカルロスは幽閉されて自殺し、王妃も毒殺。フェリペも悪性の腫瘍《しゅよう》に冒されてむざんな死を遂げるという結末だ。レアルはカルロスを悲劇のヒーローに、フェリペをはっきりと悪役に据えている。

それからおよそ一世紀を経て発表されたシラーの『ドン・カルロス』でも、この鋳型《いがた》は踏襲された。シラーはカルロスに「シェイクスピアのハムレットの魂」や、「わたし自身の脈拍」を与えるつもりだと発言している。身分制度を告発する『群盗』で一世を風靡《ふうび》したシラーにとって、専制君主として名高いフェリペ二世はそれだけで非難の対象だった。後に彼は、フェリペの圧政を告発する『オランダ独立史』を著している。フェリペを、カルロス死亡当時六〇歳を超えていたと設定し（実際は四一歳）、若い妃と老いた王というコントラストを強調しているのも見逃せない（史実ではふたりの年齢差は一八歳だった）。

同時にシラーの作品においては、ポーザ侯爵の比重が大きくなり、カルロスのエキセントリックな面を補う存在となっている。架空の人物だから、ふくらませることも容易だったのだろう。いずれにせよ、フェリペが「悪」でカルロスが「善」という構図は変わらない。カルロスとイサベルの「悲恋」が設定されたことで、フェリペの悪役ぶりはいっそう際立つ結果となった。

「太陽の沈まぬ国」の暗黒面

なぜ、フェリペは憎まれたのか。

フェリペが悪役となったのは、レアルやシラーに始まったことではない。父カルロス一世から受け継いだスペインに加え、一五八〇年にはポルトガルの王位にも就いたフェリペは、前世紀からの大航海時代がもたらした（領土に）「太陽が沈むことがない」大帝国に君臨した。北はフランドルから南はアフリカまで、西は南北アメリカ、そしてフィリピンまでを支配下においたフェリペは、それだけで恐れられ、妬《ねた》まれた。

しかし憎まれた最大の理由は、プロテスタントを弾圧したことだろう。その象徴が、オペラにも登場する「異端審問所」である。異端審問所の起源は中世にさかのぼるが、スペインでは一五世紀の末に、いったんキリスト教に改宗しながらふたたびもとの宗教に舞い戻ったユダヤ教徒やイスラム教徒を取り締まるために設立された。一六世紀に入って宗教改革が起こると、今度はプロテスタントが「異端審問」の標的となる。とりわけプロテスタントの一派であるカルヴァン派が浸透していたネーデルラントへの締め付けは厳しく、新教徒への迫害に加えて、領地のなかでは際立って富んでいたこの地方に重税を課すなどして苦しめた。この地方の独立戦争＝オランダ独立戦争が起こったのも必然だった。オペラでは異端者たちの火刑の場面が設定され、フェリペの冷酷な一面を描き出している。

他の国ではこの時点ですでに時代遅れになっていた異端審問所の制度は、スペインではナポレオン戦争まで続き、スペイン帝国の暗黒面をヨーロッパ中に印象づけた。カトリック国でありながら早々にプロテスタントを受け入れたレアルの母国フランスや、宗教改革のまさに震源地だったシラーの祖国ドイツにとって、スペインとその異端審問所は、頑迷なカトリックの象徴となった。シラーの『ドン・カルロス』は、国王がカルロスを大審問官に引き渡す（つまり処刑を委《ゆだ》ねる）ところで終わっている。二一世紀の今でも、「スペインの異端審問所」という言葉には、陰惨《いんさん》なイメージがつきまとう。そしてフェリペ二世は、歴史上の悪役に分類されることになった。

プロテスタントのドイツ人であり、何より「自由」を重んじたシラーにとって、フェリペは格好の敵役だった。シラーの『ドン・カルロス』において、架空の人物であるポーザ侯爵ロドリーゴの比重が大きくなり、正義漢として理想化されたのは、シラーがこの人物に自分の理想を託したためでもある。シラーといえば、日本ではベートーヴェンの《第九》交響曲の第四楽章で歌われる〈歓喜の歌〉の作詞者として有名だが、実はシラーによる原詩は『自由讃歌』であり、『歓喜の歌』に書き換えたのは作曲者のベートーヴェンだった。《第九》で繰り返される「歓喜！（Freude）」の言葉は、ほんらいは「自由！（Freiheit）」だったのである。

シラーを好んだヴェルディ

ところで、オペラを作曲したヴェルディは、カトリック王国イタリアの人間である。プロテスタントのシラーと異なり、ヴェルディはカトリックの信仰を終生捨てなかった。だが聖職者は好きではなかったようだ。青年時代、故郷の町の教会音楽家になろうとして、保守的な聖職者グループに邪魔されたことも反発をかきたてた。オペラ《ドン・カルロ》の大審問官や、《ドン・カルロ》の後に作曲された《アイーダ》に出てくるエジプトの神官が非人間的に描かれているのは、聖職者に対するヴェルディの考えを暗示している。

ヴェルディは、シラーの作品はもともと好きだった。《ドン・カルロ》より前に、シラーの出世作『群盗』をはじめ、『オルレアンの少女』にもとづいた《ジョヴァンナ・ダルコ（ジャンヌ・ダルク）》、「身分違いの恋」を扱った『たくらみと恋』にもとづいた《ルイーザ・ミラー》と、シラーの原作によるオペラをすでに三作発表している。《ドン・カルロ》は、パリのオペラ座から委託された作品だった（そのため初演はフランス語、タイトルは《ドン・カルロス》）。すでに大作曲家だったヴェルディは、以前《シチリアの晩鐘》の上演に際してトラブルに巻き込まれたこともあり、オペラ座からの依頼には慎重だったが、原作がシラーときき、『ドン・カルロス』の内容も気に入って、やる気になったようだ。

幕切れにカルロス五世の亡霊を登場させたのは台本作者たちのアイデアで、ヴェルディはこれを絶賛している（ちなみにシラーの戯曲では、「カルロス五世の亡霊」が出るという噂を利用して、カルロスが亡霊に変装してエリザベッタを訪れるという設定になっている）。《ドン・カルロ》は、当時のパリのオペラ座で上演されていた、歴史に題材をとった「グランド・オペラ」（フランス語「グラントペラ」）の形式で書かれており、亡霊出現は「グランド・オペラ」に欠かせないスペクタクル・シーンを意図したものだった。

シラーが創造した大審問官とフェリペの対決場面も、ヴェルディの心を惹いた。オペラではこの場面は、ふたりのバスによるすさまじいまでの二重唱に仕上がっている。ここで大審問官はカルロスのみならずロドリーゴの命も要求し、フェリペは「父」としての、そして「友人」としての情をさらけ出して取り乱す。冷徹な君主として悪名高いフェリペが、その面を取って人間的な貌を見せる瞬間だ。シラーの原作にもフェリペの人間的な面は皆無ではないが、オペラのフェリペは妻の不貞を疑ったり、孤独に悩んだりと人間的な弱さをたびたびさらけ出し、共感を呼ぶ。人物の彫琢《ちょうたく》からいえば、本当の主人公はカルロスよりむしろフェリペだろう。

とくにフェリペの人間性が際立つ名曲が、妻に愛されない満たされない心を独白するアリア〈ひとり寂しく眠ろう〉。初演でフェリペ二世の役を歌ったフランス出身のアンリ・

オバンがすぐれたバス歌手であり、その能力を当てにできたヴェルディが、この役柄を思う存分書き込めたことも、フェリペの造形に幸いした。悪役をたんなる悪役に終わらせない深い人物描写は、《ドン・カルロ》という作品が高い人気と評価を獲得している大きな理由だ。

だがオペラ座で行われた初演は、冷ややかに迎えられたらしい。演奏水準が低かったせいもあるようだが、初演に臨席した当時のフランス皇后ウージェニーは、新教徒の火刑の場や冷酷無比な大審問官の描き方などにカトリックへの批判を感じ取って激怒し、途中で退席した。ウージェニーはスペインの伯爵家の出身であり、厳格なカトリックだったのだ。《ドン・カルロ》が一九世紀のパリでその後もはかばかしい成功を収められなかったのは、作品に内在するメッセージと無関係ではなかったのかもしれない。オペラの「評価」は、いつも「時代」に大きく左右されるものなのだ。

余談だが、フェリペがいわゆる「家庭運」に恵まれなかったのは本当である。後継者を望んで四人も妃をめとったが、合計八人の子供のうち、無事に成人したのはふたりの王女とひとりの王子のみ。頼みの綱の成人男子となったのは、最後の結婚でようやく生まれたフェリペ三世だった。だが彼もまた、カルロス同様頼りなかった。高貴な血筋を守ろうとするあまり近親結婚が繰り返されたおかげで、遺伝子がどんどん劣化していったのだ。スペイン、ハプスブルク家の没落は目前に迫っていた。

推薦ディスク

◆カレーラス、バルツァ、カップッチッリ、フルラネットほか　カラヤン指揮・演出　ベルリン・フィル、ウィーン国立歌劇場・ソフィア国立歌劇場合唱団（ミラノ改訂版＝イタリア語四幕版）　ソニークラシカル

カラヤン晩年の一九八六年、ザルツブルク復活祭音楽祭でのライブ。オールスターキャストによる重量級の上演。

◆ハンプソン、アラーニャ、マッティラほか　パッパーノ指揮　ボンディ演出　パリ管弦楽団、シャトレ座合唱団（フランス語五幕版）　ワーナーミュージック

ミラノ改訂版＝イタリア語四幕版での上演が主流だった本作で、一世紀ぶりに初演と同じフランス語で上演された公演のライブ映像（ただし初演と同じ版ではない）。歌手も指揮も素晴らしい名盤。

二　「屑集め人」が遺した「ロシア正史」――ボリス・ゴドゥノフ

《ボリス・ゴドゥノフ》
作曲・台本　モデスト・ムソルグスキー
初演　一八七四年一月二四日　サンクトペテルブルク、帝室マリインスキー劇場

あらすじ

一六世紀末のロシア。イヴァン雷帝に引き立てられて出世し、妹を皇子フョードルに嫁がせた新興貴族ボリス・ゴドゥノフは、フョードルが帝位につくと摂政《せっしょう》として活躍し、フョードルの死後皇帝に推挙される。だが彼が即位できたのは、フョードルの跡継ぎだった異母弟ドミトリーを数年前に暗殺していたからだった。皇位への野心がないことを示そうと修道院にこもったボリスは、ボリスの手下に言い含められた民衆が帝位につくよう懇願《こんがん》する声を受け、戴冠する。

しかしボリスの悪業には目撃者がいた。そのひとりである修道僧ピーメンは、ボリスの

罪科を年代記に書き残す。ピーメンの仕事を手伝っていた修道僧のグリゴリーは、亡くなった皇子が自分と同じ歳だと知り、皇子になりすます野望を抱いて修道院から逃亡する。

「皇子ドミトリー」を名乗る男がポーランドに現れたという噂が、ボリスの宮廷に届いた。罪の意識に悩むボリスは、ドミトリー暗殺の場に居合わせたシュイスキー公爵にドミトリーの死を確かめるが、公爵が再現する断末魔の様子に錯乱《さくらん》する。

ドミトリーになりすましたグリゴリーは、ポーランドの大貴族の娘マリーナと恋に落ち、野心家の彼女にもたきつけられて、モスクワへ攻め入ることを決意する。マリーナの背後には、ロシアへの勢力浸透をめざすポーランド王国やカトリック教会の思惑もあった。偽ドミトリー軍の優勢が伝えられるなか、陰謀家のシュイスキー公爵は、修道僧ピーメンをボリスの御前に招き、亡くなった皇子の話をさせる。罪の意識にさいなまれて弱っていたボリスは、息子のフョードルを後継者に指名して絶命。放浪の聖人である聖愚者《せいぐしゃ》は、狼藉を働きながらモスクワへ進軍する偽ドミトリー軍のありさまに、迫り来るロシアの暗黒時代を予告するのだった。

オペラによる「ロシア正史」

ドミトリーを僭称した偽ドミトリー（ドミトリー2世、1581～1606）

死後、ウグリチのドミトリーとして聖人化されたドミトリー（1582～1591）

ボリス・ゴドゥノフ（1552～1605）

ムソルグスキーが完成させた唯一のオペラ《ボリス・ゴドゥノフ》は、おそらく本書のタイトルに一番ふさわしいオペラだろう。「音楽による歴史という特異な新しいジャンルを創設した」（D・ホラント）と評されるほどだ。ムソルグスキー自身、同時代のロシアの多くの作家や画家と同じように、自国の歴史を熱心に研究した。混乱の続くロシアでは、芸術家たちの関心は自国の歴史にも向いたのだ。ムソルグスキーは《ボリス》の台本も自分で手がけている。

ムソルグスキー渾身《こんしん》のオペラ《ボリス・ゴドゥノフ》は、職業的な台本作家が、歴史上の事件を題材に、フィクションも交えて娯楽作品に仕立て上げた「歴史ものオペラ」――本書に収めた大半の作品はそれに当たる――とは明確に一線を引く。後者の主流は、《シチリアの晩鐘》や《ドン・カルロ》などに代表される、フランスの「グランド・オペラ」の系譜だ。「グランド・オペラ」は一九世紀のパリ、オペラ座で愛好された形式で、歴史に題材をとった五幕もののオペラであり、観客を引きつけるための創作された恋愛沙汰やスペクタクル・シーン、バレエなどが不可欠だった。それにひきかえ《ボリス》の場合は、登場人物もほぼすべて実在の人物で、フィクション仕立ての恋愛もない。だが《ボリス》に描き込まれた事件や人物は、「事実は小説より奇なり」を地で行く。今の時代の私たちにはフィクションとしか思えない「偽のドミトリー」や野心満々の美女マリーナも、歴史上の有名人だ。

とはいえ、《ボリス・ゴドゥノフ》が、史実にすべて沿っているわけではない。主人公のボリスはかつて皇位継承者である皇子ドミトリーを暗殺し、罪の意識に苦しめられているという設定だが、どうやら暗殺の事実はなかったらしいということが分かってきた。ドミトリーは生まれつき身体が弱く、癲癇《てんかん》を患っていて、その発作が起きて誤ってナイフで喉《のど》を切ってしまったという見方が、今では一般的になっている。

だがボリス＝暗殺者説は、ムソルグスキーの時代にはまだ広く信じられていたようだ（詳しくは後述）。ボリスが刺客を送ってドミトリーを殺したという噂は、ドミトリーの死の直後から流れはじめ、一九世紀でもしぶとく残っていた。オペラの原作となったアレクサンドル・プーシキンの物語詩『ボリス・ゴドゥノフ』（一八二五）でも、ボリスは暗殺者に設定されている。

ボリスには敵が多かった。彼の数代後からロマノフ王朝が始まるが、その祖先もボリスと敵対した。ロマノフ家がボリスを悪役に仕立てるのは必然だった。プーシキンもムソルグスキーも、ロマノフの王朝下で生きていた。プーシキンは王朝を批判してモスクワを追放され、ムソルグスキーのオペラは王朝の命令に忠実な検閲とせめぎあった。オペラの舞台には、ロマノフ王朝の歴代皇帝のみならず、およそ実在の皇帝を載せてはいけないという規則があったのだ。何度かの交渉の果てにオペラ《ボリス・ゴドゥノフ》が舞台にかかったのは、作品に惚れ込んだ友人や歌手たちの尽力のおかげだった。

跋扈《ばっこ》する怪人物たち

歴史上のボリス・ゴドゥノフは、ロシアの動乱期を象徴する皇帝である（在位一五九八～一六〇五）。彼の前代の皇帝フョードルで、モスクワ大公国（リューリク朝）の皇統が途絶え、一六一三年にロマノフ家が支配者となるまでの十数年の間、皇帝がめまぐるしく入れ替わる戦国時代が続いた。今日一般にこの時代は、ロシア史における「動乱時代」と呼ばれている。ヴィヤジマの士族（軍人）の出で、タタールの血が混じっているという説もあるボリスは、リューリク朝最後から二代目のイヴァン雷帝に仕えた叔父のつてで雷帝の宮廷に入る。雷帝の寵臣の娘と結婚して出世の足がかりを作ったボリスは、妹を皇子のひとりフョードルに嫁がせて、雷帝の姻戚《いんせき》に連なった。ボリスにとっては幸運なことに、雷帝が皇太子のイヴァンを撲殺するという悲劇が起こり、フョードルは皇太子となった。何代も続く大貴族たちが権力をうかがっているモスクワの宮廷にあって、新参者のボリスの上昇は際立ち、絶えず敵意にさらされることになる。

雷帝が亡くなってフョードルが即位すると、義理の兄であるボリスは摂政団に加わり、実質的な権力を握った。フョードルは虚弱で統治不能とみなされており、実権は次第にボリスに集中した。一四年後、後継者を残さず遺言もせずにフョードルが逝くと、ボリスは貴族会議で皇帝に選出される。

フョードルに後継者がいなかったのは、ボリスの即位より七年前に、フョードルの異母弟であり皇太子だったドミトリーが、幼くして亡くなったからである。前述のように彼の死は今では事故死だったと考えられているが、死の直後からボリスが下手人だという噂が飛び交った。噂の出所はオペラにも登場するシュイスキー公爵ら、ボリスの反対勢力だったらしい。オペラの冒頭シーンに描かれているように、ボリスは修道院に籠《こも》って民衆の嘆願を受け、それに応えるというかたちで即位したが、それも敵対勢力や民衆の反発を考えてのことだった。ボリスは未亡人となった妹ともども修道院に入り、帝冠を固辞するそぶりを何度か繰り返している。こうして即位を引き延ばしているあいだに、無血でクリミヤ半島を手に入れるという成果もあげた。

統治者としてのボリスは有能だった。すでに摂政時代、ギリシャ正教会から独立することを考えてモスクワに総主教座を置いたり、都市計画の第一歩として、都市に私有地を持つことを禁じて政府がかりで都市住民の育成に踏み出すなど、新たな政策を導入している。だが農奴制を固定するなど負の面もあったため、ボリスを憎悪していた多くの貴族に加えて、農民層の反発を買った。決定的な打撃となったのは、ロシア史上でも最悪に数えられる飢饉だった。天候不順から始まった不作とそれがもたらした大飢饉に、疫病の流行が追い打ちをかけた。ボリスはオペラにも描かれているように施しに励んだものの、焼け石に水ほどの効果もなかった。飢えた民衆は不満をつのらせ、あちこちで暴徒化した。

「偽ドミトリー」は、そんな空気のなかから現れた。彼ははなから偽者だと疑われていたようだが、それでも多くの人間が偽ドミトリーの軍に加わった。浮浪者やコサック、農地を後にした農民の群れ……。寄せ集めの彼らの背後には、オペラにも描かれているように、ロシアに野心を持つポーランド王国とカトリック教会が控えていた。彼らもまた、すべて了解のうえで偽ドミトリーを担いだ。

偽ドミトリーが蜂起して間もなく、ボリスは世を去る。狂乱したからではない。皇位にあった六年ほどの間、ボリスは病気ばかりしていたと伝えられる。天災にも苦しめられたボリスは、晩年気難しくなり、占い師に頼るようになっていた。

ボリスの没後、彼の息子であるフョードルがフョードル二世として即位するが、偽ドミトリーの出現に揺れるモスクワで、周囲の協力が望めないのは目に見えていた。戴冠してわずか二ヶ月後、フョードルは反対勢力に煽動されて暴徒化した民衆に母ともども幽閉され、間もなく送り込まれた偽ドミトリー側の暗殺者たちによって落命した。偽ドミトリー軍が意気揚々とモスクワに入城したのは、それから一週間もたたないうちだった。

「母」である皇太后マリヤ・ナガヤと感激の再会（！）を果たした偽ドミトリーは、とうとう皇位に上りつめ、「ドミトリー二世」を名乗る。ロシアにはこれ以後「僭称者《せんしょうしゃ》」が続出するが（一七世紀に二三人、一八世紀にはなんと四四人）、とにもかくにも帝位についたのは「偽ドミトリー」ひとりである。

「偽ドミトリー」には、本物説もしばしば流れた。だが今では、当時ボリスの宮廷が発表したように、もと修道僧のグリゴリー・オトレーピエフだという説が有力である。クレムリンにあるチュードフ修道院にいたグリゴリーがなぜドミトリーを名乗ろうと決心したかは不明だが、オペラで描写されているように、大胆な性格で、読み書きにも長けていたという。修道院を脱走した彼はポーランドに現れ、大貴族ヴィシニョヴィエツキに仕え、後援者としてサンボールの貴族ムニーシェクを紹介される。国王ジギスムント三世も、表には出なかったもののグリゴリーを後押しした。カトリック教会がロシア征服の好機ととらえて便乗したのも、オペラで語られる通りである。

怪人物という点では、ムニーシェクの娘マリーナも負けてはいない。オペラでも偽ドミトリーに向かって、あなたより皇后の座が欲しいとはっきり口にする残酷な女性だが、実在の彼女の権力欲はすさまじいものだった。偽ドミトリーのモスクワ入城前にすでに彼と婚約していたマリーナは、婚約者が即位してほぼ一年後に、皇后になるためモスクワに姿を現した。彼女とその父の一行には、二千人にのぼる武装した兵士が従っていたが、これは偽ドミトリーの意向も反映していた。自分の権力が危ういものだと気づき始めた彼が、ポーランドから軍勢を呼び寄せたのである。このようなかたちで出現したポーランド人の軍隊が、モスクワのひとびとの反感を買うのは当然だった。まして新皇后はカトリックである。皇帝と結婚するには、ロシア正教に改宗しなければならなかった（一八世紀のことだが、ドイツから嫁いだエカテリーナ女帝は、はやばやとロシア正教に改宗してひとびとの支持を得ている）。が、その皇帝も、ポーランドの応援を受けるためにカトリックに改宗していたのである。モスクワではひた隠しにしていたのだけれど。

結婚式の日が来た。婚儀は最終的に、カトリックのポーランド人を閉め出して行われた。貴族シュイスキーらが主導した暴動が起きてドミトリーが無惨な死を遂げたのは、結婚式からわずか一〇日ばかり後だった。大勢に取り囲まれて殺された偽ドミトリーの遺体は、広場に引きずり出され、むち打たれ、燃やされて灰となり、宙に散った。後釜にすわったのはシュイスキーである。

だがマリーナの運は尽きなかった。彼女は父とともに流刑になるが、死んだはずの「ドミトリー」がよみがえった！　というふれこみのもとに出現した「偽ドミトリー二世」の一団に連れ去られる。偽ドミトリー二世の陣営で、晴れてふたたび「皇后」となった彼女は、「皇子」イヴァンをもうけて皇后の座を盤石《ばんじゃく》にした。偽ドミトリー二世が部下のタタール人に殺されると、イヴァンを擁してさらに帝位を追い求めた。最後は成立したばかりのロマノフ王朝によって捕らえられ、息子ともども命を落としている。傑物怪物ひしめくロシア史にあっても、マリーナほどたくましく権力を追い求めつづけた女性もめずらしい。

新たに、そして宿願の帝位についたシュイスキー公爵は、ロシアの名門貴族であり、ポリスにとってはおそらく最大の敵だった。シュイスキー家はリューリク朝につながる一族ではあったが、皇帝になるのははじめてであり、しかもかなり強引な即位だったため、周囲は納得せず、わずか四年後、ポーランド侵攻の危機を前にして帝位から引きずり下ろされている。その直後、モスクワははじめて外敵のポーランドに占領される悲運を味わうことになった。

オペラのなかでシュイスキー公爵はボリスを追いつめる役割を果たすが、ムソルグスキーは、ボリスの即位を妨害したロマノフ家をはじめとする大貴族など、歴史上のボリスの敵対勢力の役割を、シュイスキー公爵に集中させている。

ポーランドのカトリック（イエズス会）の陰謀を教皇特使の僧ランゴーニに代弁させたのも、貴族側の敵対勢力をシュイスキーひとりに象徴させたのと同じようなやり方だ。登場人物を整理してコンパクトにするのはオペラの常道だが、シュイスキー同様、ドラマが分かりやすくなり、成功しているといえよう。

このように、歴史をひもとけばひもとくほど、オペラ《ボリス・ゴドゥノフ》が、一部の人物の省略、創造も含め、オペラにおける「ロシア正史」と呼ぶにふさわしい作品であることがよく分かる。ムソルグスキー自身が台本を書いていることを考え合わせると、その含蓄《がんちく》の深さは驚異的だ。何人もの同時代人は、ムソルグスキーは歴史家でもあったと証言している。オペラ作曲家が台本に挑んだ例は少なくないが、ワーグナーなど一部の例外を除いて、うまくいった例はごく少ない。リヒャルト・シュトラウスの《サロメ》、ドビュッシーの《ペレアスとメリザンド》、團伊久磨《だんいくま》の《夕鶴》など数少ない成功例は、原作の戯曲をほぼなぞった結果である。それを考えると、原作によりながらも、それを整理し、必要なところを書き加え、人物の心理を掘り下げ、劇的効果にも不足のない台本を編み上げたムソルグスキーの才は驚嘆に値する。彼の周囲にいた、いわゆる「五人組」（バラキレフ、キュイ、ボロディン、リムスキー＝コルサコフ、そしてムソルグスキー）と呼ばれるロシアの作曲家たちにとって、オペラの台本を自分で書くことは当然だったというが、台本ひとつとっても《ボリス》を上回る劇的完成度と内容の充実を誇るオペラはまれだろう。

そんなムソルグスキーが下敷きにしたもっとも重要な作品が、プーシキンの『ボリス・ゴドゥノフ』だった。

インスピレーションのもとはプーシキン

プーシキンの『ボリス・ゴドゥノフ』が書かれたのは一八二五年。貴族の末裔だった彼は、ロシア最初の解放運動である「デカブリスト運動」に刺激されて自由を歌い上げた詩を発表したためにモスクワから追放され、母方の領地に蟄居していた。この年月のあいだに、プーシキンはロシア最初の通史とされるカラムジンの『ロシア帝国史』などを参考にロシアの歴史をひもとき、権力と民衆の関係を追求し、歴史劇や歴史小説を創作する。ボリスを題材に選んだのは、自分が生きる動乱の世と、ボリスの時代が重なったこともあったようだ。

シェイクスピアにも傾倒していたプーシキンは、本作でかなりボリスの内面に迫っている。苦悩するボリスの創造は、プーシキンから始まったといっていい。

プーシキンの『ボリス』はなかなか日の目を見なかった。折からデカブリストの乱が勃発、検閲はますます厳しくなる。出版は完成後五年を経た一八三〇年、それも作者の許可を得ることなくかなり手が入れられていた。舞台上演にこぎつけたのは一八七〇年。プーシキンが世を去って、実に三〇年以上が経過していた。ムソルグスキーがこの上演を見たのはもちろんのことである。

ロシアの画家イリヤ・レーピンが描いたムソルグスキーの肖像（1881年）

「歴史の収集家」とも呼ばれる一方で、因襲にとらわれないオペラの創造に意欲を燃やしていたムソルグスキーに、プーシキンの『ボリス』を勧めたのは、友人で歴史学者のニコーリスキイだった。逡巡《しゅんじゅん》した末、彼は《ボリス》に取りかかる。ムソルグスキーは、プーシキンも参考にしたカラムジンの『ロシア帝国史』を参照しているが、ボリス＝暗殺者説をとるこの書物は、当時でもまだ正史と位置づけられていた。

プーシキン同様、ムソルグスキーもシェ

らは、オペラに至って『マクベス』の主役のようなボリスは、オペラに至って『マクベス』の主役のような、良心に絶えず責めさいなまれる人間的な弱みを持つ人物になっているが、シェイクスピアの影響は無視できないように思われる。

一八六九年に書き上げた第一稿は、上演を持ちかけた帝室劇場から却下される。が、ムソルグスキーは情熱をもって改訂に取り組んだ。プーシキンの原作からポーランドの場面を新たに加え、欠けていた女性主役としてマリーナを登場させ、舞踏会の場面も取り込んで華やぎを添えた。さらに印象的なのは、これも新たに加えられた、幕切れのクロームイの森の場面である。ここはプーシキンの原作にはなく、ムソルグスキーが創案した。モスクワへ進軍する偽ドミトリーも姿を見せるが、ここでの主役は民衆である。貴族をなぶりものにし、カトリックの僧侶につかみかかり、しかし偽ドミトリーが現れるとわらわらとそちらに従う。節操がなく、流されやすく、動じやすい民衆。

「民衆」は、《ボリス》全編を通して重要な役割を果たしている。プロローグのボリスへの誓願《せいがん》のシーンでは権力に操られてボリスに忠誠を誓い、第四幕の冒頭では飢えに苦しめられてボリスに迫り、クロームイの森ではボリスへの反発を解き放って放縦に振る舞う。プーシキンが追い求めた権力と民衆との関係に、ムソルグスキーはさらに多様な色彩を与えた。民衆がこれほど多彩に動き回り、多数でまた単体でいろいろな意思を表示するオペラは他に例がない。

「聖愚者」としてのムソルグスキー

民衆たちの場面のうち、後のふたつの場面に登場してその場に緊張を与えるのが、「聖愚者」という存在だ。聖愚者はロシア正教の一種の聖人で、ぼろをまとい、狂人のように彷徨《さまよ》うが、狂気ゆえに神に通じ、予言の能力を持つともされた。《ボリス》に登場する聖愚者は、子供や民衆になぶられながら、真実を告げ、あるいは予告する。旧約聖書で子供殺しをした「ヘロデ王」になぞらえて、ボリスが暗殺者であるとほのめかし、幕切れのクロームイの森では、むせび泣くような声でロシアの闇の時代——偽ドミトリ！の即位とともに動乱の時代は本格化する——の到来を予告する。これほど印象的な聖愚者の扱いは、プーシキンには見られない。

ムソルグスキーは聖愚者に共感を抱いていたと思われる節がある。官吏をつとめながら酒に溺《おぼ》れて身を持ち崩した彼を（彼は四二歳の若さで、アルコール中毒のため世を去った）、仲間はしばしば「気が弱い」と見下した。作曲者の没後、《ボリス》の改訂版を作ったショスタコーヴィチは、ムソルグスキーのことを「作曲家のなかで最も『聖愚者』」だと呼んでいる。

ムソルグスキーの歌曲に、醜い聖愚者が、自分の姿を恥じながらも切ない恋心を吐露する『愛しのサーヴィシナ』（一八六六）という作品がある。彼はこの曲を気に入っており、歌詞が描く聖愚者の姿に共感していた。ムソルグスキーは自分のことを、諧謔《かいぎゃく》をこめて「屑《くず》集め人」と呼んだが、そんな彼だからこそ、民衆や聖愚者の立場に立ち、そのありように音楽で血肉を与えた《ボリス》のような傑作が遺せたのではないだろうか。

推薦ディスク

◆ロイド、ボロディナほか　ゲルギエフ指揮　タルコフスキー演出　マリインスキー歌劇場管弦楽団、合唱団　デッカ

三 「検閲」の向こう側――仮面舞踏会

《仮面舞踏会》

作曲 ジュゼッペ・ヴェルディ
台本 アントーニオ・ソンマ
初演 一八五九年 ローマ、アポッロ劇場

あらすじ

（今回の内容に応じた「スウェーデン版」に準じる）

一八世紀のスウェーデン。国王グスターヴォ（スウェーデン名グスタフ）三世は、部下で親友であるアンカーストレーム伯爵レナートの妻アメーリアに恋心を抱いている。アメーリアも想いは同じだった。思い悩むアメーリアは占い師のウルリカに相談し、真夜中の処刑場で摘んだ薬草を煎《せん》じて飲めば彼を忘れられると告げられる。だがそのやりとりを、物陰でグスターヴォが聞いていた。グスターヴォは処刑場に先回りしてアメーリアを待ち受

ストックホルム郊外のドロットニングホルム宮殿

け、ふたりは想いを打ち明け合う。

そこへレナートが現れ、政敵が来るからとグスターヴォを逃がす。ヴェールで顔を隠したアメーリアだが、レナートが政敵たちに取り囲まれるのを見てヴェールを外す。妻と主君に裏切られたと恨みに燃えるレナートは政敵たちと組み、仮面舞踏会の会場でグスターヴォを撃つ。グスターヴォはアメーリアの潔白を証言し、レナートを許して息絶える。

国王暗殺の舞台はオペラハウス

「北欧のヴェルサイユ」

スウェーデンの首都、ストックホルム郊外にたたずむドロットニングホルム宮殿は、しばしばそう呼ばれる。北の国の澄んだ空のもと、幾何学式

ドロットニングホルム宮殿の一角にある宮廷劇場

のフランス風庭園、自然を生かしたイギリス式庭園、湖、そしてクリーム色の宮殿の建物が広がる風景は、ヴェルサイユの豪壮さとはまた別の趣《おもむき》のあるたたずまい。少年時代をここで過ごしたグスタフ三世は、この「ワトーの絵のよう」（グスタフの言葉）な風景が気に入っていた。

庭園の一角に建つ宮廷劇場は、一八世紀半ばに完成された姿をそのままとどめ、当時の機械仕掛けを使ってオペラを上演しているほとんど唯一の劇場だ。歴史的遺構が残る劇場はイタリアにもあるが（一六世紀の建築家パッラーディオの設計による、ヴィチェンツァのオリンピコ劇場）、定期的にオペラシーズンを持っているのはここだけである。

宮廷劇場を建てたのは、スウェーデン王妃ロビーサ・ウルリカ。本編の主人公グスタフ三世の母である。ドロットニングホルムで育ったグスタフ

「仮面舞踏会」で暗殺されたグスタフ３世（1746～1792）。アレクサンダー・ロズリンによる肖像（1777年）

は、幼いころから劇場をこよなく愛し、俳優として舞台に登場するのはもちろん、脚本や演出も自分で手がけ、王位につくとストックホルム市内にオペラハウスを建てた。その劇場が自分の最期の場所になろうとは、もちろん知る由もなく。

母ロビーサ・ウルリカは、有名なプロイセン国王フリードリヒ二世、通称「フリードリヒ大王」の妹にあたる。烈女《れつじょ》だった。彼女が嫁いできたころのスウェーデンは議会の力が強く、しかも貴族や平民、聖職関係者からなる議員たちは、ロシアやデンマークといった諸外国の思惑に踊らされていた。この現状に不満を抱いたロビーサ・ウルリカは、夫とともに議員たちの勢力をそごうと企てるが、失敗に終わった。その計画は、結果的にグスタフに引き継がれる。父王の死後、女王への野心をちらつかせた母を退け、二五歳で即位したグスタフは、無血のクーデターに成功し、国王の権限を大幅に強めた新しい憲法を公布した。エカテリーナ二世率いるロシアの脅威にさらされるなかで彼が頼ったのは、絶対主義の総本山のようなフランスのブルボン王朝だった。フランス革命によってブルボン王朝が倒されたときには武力介入を考えたが、対ロシア戦争で生じた莫大《ばくだい》な戦費に阻まれた。革命下で処刑されたフランス王妃、マリー・アントワ

スウェーデン王立歌劇場（オペラハウス）。前の像は、スウェーデン最盛期の王といわれるグスタフ２世アドルフ（1594〜1632）

ネットの恋人と噂され、未遂に終わった王家の逃亡の計画を助けたフェルセン伯爵は、グスタフの臣下である（スパイだったという説もある）。

歴史に名高い仮面舞踏会におけるグスタフの暗殺事件が起こったのは、フランス革命の勃発からおよそ三年後の一七九二年三月一六日。一番のお気に入りの場所だった王立オペラハウスで催された仮面舞踏会の席上で狙撃されたグスタフは、二週間苦しんだあげくに世を去った。下手人はオペラと同じアンカーストレームという名の下級貴族で、ロシアとの戦争に反対した貴族たちを処刑したグスタフへの恨みが引き金になったといわれる。アンカーストレームは背後関係については口をつぐんだまま、およそ一ヶ月後に処刑された。

王位を継いでグスタフ四世となった三世の息子は、間もなく追放の憂き目にあう。

オペラのグスタフ三世はロマンティストだが、現実の彼は女性に興味がなかったらしい。デンマークの王室から妃ソフィアを迎え、子供ももうけるが、母とソフィアとの軋轢《あつれき》もあって夫婦仲は冷たかった。他の女性との噂もほとんどない。オペラは多分に脚色されていて、史実とはかけ離れている。史実からいえば政治劇のはずが、フィクションである三角関係がクローズアップされているのが、オペラ《仮面舞踏会》だ。

当時としてはめずらしいことではないが、《仮面舞踏会》はパリで作曲された別のオペラを下敷きにしている。ギュスターヴ・オーベールの《ギュスターヴ三世》（一八三三年初演）である。台本を書いたオペラ座付きの台本作家ウジェーヌ・スクリーブは、パリで流行していた歴史オペラ、いわゆる「グランド・オペラ」の台本作家の第一人者であり、誰もが知っている歴史上の事件を取り上げ、フィクションを交えて娯楽大作に仕上げるのが得意だった。アンカーストレームとギュスターヴとの「友情」や、アンカーストレームの妻とギュスターヴとの「恋愛」は、すべてスクリーブの創作である（ちなみに《ギュスターヴ三世》が初演された当時、アンカーストレームの妻はまだ生きていて、しかもパリに住んでおり、この作り話に激怒したという）。一方でスクリーブは、グスタフが実際に変装して有名な占い師ウルリカ・アルヴィドソンを訪れ、暗殺を予言されたエピソードや、暗殺当日に予告の手紙を受け取っていることなど、細かい事実を取り入れて物語にスパイスを効かせており、練達《れんたつ》の腕前がうかがえる。アントーニオ・ソンマが台本を書いたヴェルディの《仮面舞踏会》は、このスクリーブ&オーベール作品を、かなり忠実になぞっている。

検閲の餌食になったオペラ

ところで、《仮面舞踏会》を実際の舞台で観たひとのほとんどは、主人公の名前を「グスターヴォ三世」ではなく「リッカルド」と記憶しているだろう。「検閲」のせいで名前が変えられたと知るひともいるかもしれない。「検閲」とは何なのか、なぜ「検閲」が必要だったのか、背景にあるのは何なのか。それを知ると、《仮面舞踏会》の実際の姿が見えてくる。

《仮面舞踏会》は、ナポリで初演されるはずだった。それがローマに変わったのは、「検閲」のためである。ナポリの検閲当局は、実在の国王の暗殺事件と、フィクションとはいえ「不倫」を盛り込んだ物語を許さなかった。

当時の劇場で上演される出し物は、題材が決まった時点で検閲の許可を得る決まりになっていた。テレビも映画もなかった時代、劇場が与える影響は今よりはるかに大きかった。モーツァルトの同名のオペラの原作となったボーマルシェの戯曲『フィガロの結婚』が、召使《めしつか》いが伯爵を降参させる物語を通して、貴族、ひいては身分制度を痛烈に批判し、フランス革命の引き金となったことはよく知られている。お上が神経をとがらせるのも無理はなかった。

劇場は娯楽の場であると同時に社交の場でもあり、教育機関でもあると考えられていた。とくに識字率が低く、文学が浸透しなかったイタリアでは、ひとびとは本を読む代わりに劇場に通ったのである。

劇場、とくにオペラ劇場は観光産業でもあった。今でもイタリアは旅先として抜群の人気を誇る国だが、イタリアの観光大国化は、半島が政治的、経済的に凋落《ちょうらく》した一八世紀から始まっていた。オペラはイタリアの「基幹産業」（統一イタリア初代首相カヴール）でもあったのだ。さまざまな配慮がされるのは当然だった。

とくに問題視されたのは、政治に加えて「宗教」と「道徳」である。一九世紀の中ごろ、ナポリで作られた検閲実施要項では、「宗教、政治、道徳を批判するような筋書きの劇作品」は許可されないとはっきりと謳っている。自国の「王家の名」だけではなく、「各国を治める君主やその家族」への批判も禁じられたが、「不倫や内縁関係」も「反道徳的」

という理由で排斥された。劇中で支配者が殺されることも、一線は越えなくとも王と臣下の妻の「恋」も、御法度《ごはっと》だったのである。

イタリア半島の諸都市のなかでも、ナポリは検閲の厳しい都市として知られていた。理由は国情にあった。ナポリはシチリアも含めて南イタリアの大半を占める「両シチリア王国」の首都であり、当主のスペイン系ブルボン家は、イタリア半島にある諸国のなかでもきわだって専制的な体制をとっていた。加えて《仮面舞踏会》の場合、台本が検閲当局のチェックを受けているあいだに、パリでナポレオン三世の暗殺未遂事件が起こってしまったのだ。それも、オペラ座の玄関前で。劇場で実在の国王が殺される筋書きなど、許されない状況になってしまったのである。《仮面舞踏会》の台本は、妻を妹に変え、全体のハイライトである舞踏会の場面をカットするなど、泡の抜けたシャンパンのようにされて作者たちの手元に返ってきたのだった。

激怒したヴェルディは、当局との交渉は続けながらも他国での上演の可能性を探る。ローマに白羽の矢が立ったのは、教皇領であり、政治的な題材に比較的寛容な風潮があったからだった。

ローマの劇場は、人気作曲家ヴェルディの新作を上演するチャンスを逃《のが》さなかった。ただし歴史上の人物をそのまま登場させるわけにはいかなかったので、主人公はイギリスの植民地ボストンの総督「リッカルド」という架空の人物になったのである。変更に合わせて、台詞や音楽にも手が入れられた。現在一番多く上演されている《仮面舞踏会》は、「ボストン版」などと呼ばれているこのヴァージョンである。

「ヴェルディ万歳！」はフィクションか？

だが《仮面舞踏会》という作品には、もうひとつ歴史のフィクションがからんでいる可能性がある。この作品の初演のとき（一八五九年二月一七日）、熱狂した聴衆が、「ヴェルディ万歳！（VIVA VERDI）」と叫んだ、というエピソードだ。「VIVA VERDI」は、文字通りとれば「ヴェルディ万歳」だが、この場合は「イタリア国王ヴィットーリオ・エマヌエーレ万歳！」も暗示していた。なぜなら、「VERDI」の頭文字をとると、「イタリア国王ヴィットーリオ・エマヌエーレ（VITTORIO EMANUELE RE D'ITALIA）」になるからだった。つまり、教皇領ローマのひとびとは、半島の北西端にあるサルディーニャの国王を、イタリアが統一された暁《あかつき》にはイタリア国王として待望していた、ということになる。ヴェルディに関する伝記的な文献にはほとんどすべてといっていいほど登場する挿話であり、イタリアでは学校の歴史の教科書にも採用されている。これまた多くの文献でお目にかかる、ひとびとが「VIVA VERDI」と建物の壁に書きなぐっているリトグラフは、この《仮面舞踏会》初演時のものとされる。ちなみに当のヴィットーリオ・エマヌエーレ二世が新しいイタリア王国の王位につく形で成立したイタリア統一は、《仮面舞踏会》初演の二年後のことである。

壁に「VIVA VERDI」と落書きするひとびとを描いたリトグラフ

だがこのエピソードには、近年疑義がはさまれている。ヴェルディとイタリア統一運動＝リソルジメントに関する詳細な研究を明らかにしたドイツの研究者ビルギット・パウルスによると、「VIVA VERDI」のエピソードがあったことを証明する同時代の文献は存在しない。劇場側の資料にも、ヴェルディ本人の記述にも、初演の様子を伝える新聞の類《たぐい》にも登場しない。当該《とうがい》のエピソードがはじめて現れるのは、一八七五年、つまり《仮面舞踏会》の初演から一六年、イタリア統一から一四年後に出版された、オーストリアの批評家エドゥアルト・ハンスリックによる『現代のオペラ』なる書物のヴェルディに関する章だという。また前述のリトグラフは、ヴェルディが亡くなった一九〇一年に刊行された、『イタリア図版集』に収録されたのが初出だという。この年は彼の逝去《せいきょ》を受けて、ヴェルディに関する文献、とくにリソルジメントにおいて彼が果たした役割について述べた書物が数多く出版された年だった。さらに、このエピソードが教科書に採用されたのは、ムッソリーニ治下のファシズム時代である一九二八年のことである。政府側には、国内の統合という狙いがあったのではないだろうか。

ヴェルディとイタリア統一をめぐっては、《ナブッコ》にかかわる逸話も有名だろう。旧約聖書の「ヘブライ人のバビロニア虜囚《りょしゅう》」を扱ったこの作品が、オーストリア支配下のイタリア人の独立心に訴えたというストーリーだ。とらわれのヘブライ人が望郷の想いを歌う有名な合唱〈行け、わが想いよ、黄金の翼に乗って〉は、初演のときアンコールされたと言い伝えられてきた。

だが今日、このストーリーは明確に否定されている。〈行け、わが想いよ〉のアンコールはなかったし（アンコールされたのは別の合唱曲〈偉大なるエホバ〉）、作品自体、サルディーニャ国王ヴィットーリオ・エマヌエーレ二世の妃で、当のオーストリア帝国の支配者であるハプスブルク家出身のマリア・アデライデに献呈されている。ヴィットーリオ・エマヌエーレ二世は、後に「VIVA VERDI」にこじつけられた初代イタリア国王だが、そのとき、マリア・アデライデはもうこの世の人ではなかった。実家の没落と婚家の勃興《ぼっこう》は、王族同士の政略結婚にはつきものだったが、それを見ないで済んだのは、幸だったか不幸だったか。

なぜヴェルディの名前や作品が、「愛国的」なエピソードと結びつけられたのだろうか。《シモン・ボッカネグラ》の章でもふれたように、イタリアは「統一」がなっても「統一」とはほど遠い国だった。「統一」の年とされる一八六一年、ときの政治家ダゼーリオがいったとされる「イタリアは成った。次はイタリア人を作らなければ」という言葉は有名だが、実はこのエピソードも、《ナブッコ》の〈行け、わが想いよ〉のエピソード同様、作られたものであるらしい。とはいえそのような言葉がひとり歩きしてしまうほど、イタリアの統一が難しかったということだろう。イタリア南部では「イタリア」という言葉自体を知らない人間が大勢いたという。

《シチリアの晩鐘》の章でもふれたように、統一イタリアの実態はサルディーニャ王国への吸収合併であり、法律もサルディーニャのそれが適用された。とりわけ南イタリアにとっては厳しい結果となったため、農民階層を中心に激しい反発が起こり、たびたび戒厳令が敷かれている。彼らを抑えるため、イタリア王国政府は戦争による挙国体制や愛国心教育に力を入れた。そこで引き合いに出されたのが「リソルジメントの英雄」たちである。統一時のイタリアの文化人代表だったヴェルディも、その一角を占めていた。

「VIVA VERDI」のエピソードは、そんな空気のなかで生まれ、伝播《でんぱ》していったのかもしれない。イタリア全国の都市に、「カヴール通り」や「ガリバルディ広場」とならんで「ヴェルディ通り」が存在するのも、統一後のイタリアにおけるヴェルディの利用のされ方を物語っている。そして彼のほうでも、それを受け入れたのだった。

作品や作曲家の実像が、「歴史」によっていかに左右されるか。《仮面舞踏会》の成立をめぐるエピソードの数々は、その好例であるように思える。

推薦ディスク

◆ドミンゴ、バーストウ、ヌッチほか　ショルティ指揮　シュレジンジャー演出　ウィーン国立歌劇場管弦楽団、合唱団　コロムビア

ザルツブルク音楽祭でのライブ収録。全盛期のドミンゴの素晴らしい演唱が楽しめる。舞台も豪華。

◆パヴァロッティ、ミッロ、ヌッチほか　レヴァイン指揮　メラーノ演出　メトロポリタン歌劇場管弦楽団、合唱団　デッカ

こちらはパヴァロッティの主演。第二幕の愛の二重唱は圧巻。

第四部

フランス革命がもたらしたもの

ギロチンはフランス革命中多くのひとの命を奪った（絵はルイ16世の処刑）

一　大革命に散った伝説的詩人——アンドレア・シェニエ

《アンドレア・シェニエ》
作曲　ウンベルト・ジョルダーノ
台本　ルイージ・イッリカ
初演　一八九六年　ミラノ、スカラ座

あらすじ

一七八九年の冬、革命勃発前のパリ。コワニー伯爵家の従僕ジェラールは、貴族階級に反発する一方で、令嬢マッダレーナに恋心を抱いていた。夜会の日、客として招かれた詩人のアンドレア・シェニエ（フランス名アンドレ・シェニエ）は、身分制への憤《いきどお》りとマッダレーナへの想いを詩に託す。その夜、ジェラールが貧民たちを率いて乱入。お仕着せを脱ぎ捨て、庭師の父を連れて伯爵家を去る。

一七九四年六月。革命は先鋭化し、ロベスピエール率いるジャコバン過激派による恐怖政治が吹き荒れている。穏健派に属していたシェニエは、過激派から監視されていた。革命政府の幹部をつとめるジェラールは、シェニエとマッダレーナとの密会の現場を押さえるが、ふたりを逃がす。

逃亡空しくシェニエは逮捕された。彼の助命を乞いに現れたマッダレーナに、ジェラールはシェニエの命と引き換えに身体を要求するが、彼女のシェニエへの愛の深さに心を動かされ、彼を弁護しようと決心する。

しかし革命裁判所はシェニエに死刑の判決を下した。処刑を前に「詩」を賛美し、マッダレーナへの愛を詠むシェニエ。そこへ看守を買収して他の女囚の身代わりになったマッダレーナが現れる。永遠の愛を誓ったふたりは、ともに断頭台へと向かうのだった。

実は少ないフランス革命オペラ

フランス革命は、ヨーロッパ近代史の「華」である。

評価の話ではない。できごとの大きさ、激しさ、周囲に与えた衝撃、そして影響力のはなはだしさの点で、フランス革命ほど華々しいできごとは、少なくとも近代史には見当たらない。「清教徒《ピューリタン》革命」や「七月革命」は知らなくとも「フランス革命」という呼び名は、そして革命の途上でルイ一六世や妃のマリー・アントワネットが断頭台で命を落としたことは、誰でも知っているだろう。

残虐な面も目につくフランス革命だが、長いあいだ固定されてきた「ひとの一生は生まれた身分で決まる」社会体制を打ち破る役割を果たしたことは否定できない。革命に終止符を打ったナポレオンは、たしかにその後「皇帝」と称して、かつての貴族階級と変わりない世襲専制をめざしたが、その彼を大国のトップに押し上げたのが「生まれ」ではなく「実力」だったことは画期的だった（実力でのし上がったものの世襲にこだわって悲劇を招いた点は、わが国の豊臣秀吉と似ていなくもない）。

歴史的な重要性のわりには、「フランス革命」を扱ったオペラは少ない。大有名人マリー・アントワネットについても、プッチーニが作曲を検討し、断念したというエピソードが残るくらいだ。

そのマリー・アントワネットのオペラ化をプッチーニと企てた台本作者ルイージ・イッリカ（一八五七〜一九一九）が、作曲家のウンベルト・ジョルダーノ（一八六七〜一九四八）と組み、フランス革命を正面切って取り上げたオペラ、それが《アンドレア・シェニエ》である。

断頭台に消えた若き詩人

アンドレア・シェニエ（フランス名アンドレ・シェニエ。本稿ではオペラに準じてイタリア語読みの「アンドレア・シェニエ」に統一する）は実在の詩人である（一七六二〜一七九四）。トルコのイスタンブールで、フランス人の父と、おそらく現地の血がまじった母の間に生まれ、三歳のときに母国に移住。パリで革命の下地を形成した啓蒙《けいもう》主義にもとづく教育を受け、一六歳で詩作を始めた。二〇歳のころ、軍人を志望してストラスブールの連隊に入るが、虚弱体質のため挫折。数年の空白期間を経て、ロンドンのフランス大使館に大使の秘書として勤務する。一七八九年のバスチーユ襲撃を機に革命が勃発するとパリに戻り、友人たちと革命運動に参加。雨後の筍《たけのこ》のように激増した新聞を舞台に、ジャーナリストとして活躍した。

恐怖政治が終了するわずか3日前に処刑されたアンドレア・シェニエ（1762〜1794、ジョセフ=ブノワ・シュヴァ画、部分）

しかし革命の激動は、詩人の才能をまたたくまに蹴散らした。シェニエは立憲王政を掲げる穏健派に属していたが、革命の進展につれ、個人の自由を謳って共和政をめざすジャコバン過激派との対立が激化。一七九二年に国王一家がテュイルリー宮殿からタンプルの監獄に移され、王政が停止されると、民衆を味方につけたジャコバン過激派が勢力をにぎり、穏健派は失脚する。過激派の中心人物ロベスピエールを「狂気の煽動家」などと舌鋒《ぜっぽう》鋭く攻撃していたシェニエも、ヴェルサイユに身を隠した。が、一七九四年三月七日、ある女性（恋人のひとりという説も）を訪ねてパリ郊外に現れたところを公安委員会に逮捕され、革命裁判所に召喚《しょうかん》。七月二五日、三一歳の若さで断頭台の露と消えた。ロベスピエールが反対派の一斉蜂起で逮捕され、逆にギロチン送りとなったのがその三日後（七月二八日。テルミドールのクーデター）だから、シェニエはあと数日処刑が延びていれば助かったのだ。

だが悲劇の生涯ゆえに、忘却の彼方からよみがえる例は少なくない。シェニエは生前、詩人としては無名だった。生前に刊行された詩は二編しかなく、公になった稿のほとんどは時事的な文章だったからだ。再発見のきっかけとなったのは、まさに彼の生涯の悲劇性だった。政治家であり、初期ロマン派を代表する作家でもあったフランソワ・ルネ＝ド・シャトーブリアンが、『キリスト教精髄』（一八〇二）という書物のなかで、革命の犠牲となった詩人としてシェニエを紹介したのだ。以後、ロマン派の詩人たちによって、このようなシェニエの「人物像」が美化された作品が生まれる。オペラの原作となったフランスの作家ジョゼフ・メリの歴史小説『アンドレ・シェニエ』（一八五〇）も、この流れに位置する作品だろう（メリは小説から戯曲、オペラの台本までこなした多作家で、オペラでは《ドン・カルロス》の台本を、カミーユ・デュ・ロクルと共作している）。

シェニエの作品自体の再評価も進んだ。きっかけは、遺稿を整理したド・ラトゥーシュが、一八一九年にシェニエの『全集』を刊行したことである。これが絶賛を博し、シェニエはフランス一八世紀を代表する詩人とみなされるようになる。シェニエ研究で知られる鯨井佑士《くじらいゆうじ》氏によれば、その作風は古代ギリシャの神話世界から個人的な叙情《じょじょう》、そして革命期の思想的な作品まで、多岐にわたっているという。

歴史考証とドラマの幸せな融合

オペラになったシェニエの「伝説」の鍵は、ド・ラトゥーシュが編纂したシェニエの『全集』のなかに収められた、〈囚われの乙女〉という詩にある。というのもこの詩は、獄中のシェニエが、同じく投獄されていたエメ・ド・コワニーという女性に捧げた作品だが、オペラのヒロイン、マッダレーナは、このエピソードから構想されたのだった。

ただしシェニエとコワニーが、恋人だったわけではまったくない。コワニーは当時の恋人だったモンロン伯爵と一緒に投獄されており、しかもふたりは賄賂《わいろ》を使って脱出に成功し、その後結婚している。実際には、シェニエと一緒に断頭台に上ったのは、詩人仲間のルーシェだった。

とはいえ、《アンドレア・シェニエ》の台本は「歴史オペラ」としてとても優れている。マッダレーナも敵役のジェラールもほぼ架空の人物だが、周囲の人物や時代の雰囲気を描く細部にリアリティがあるのだ。第一幕ではジェラールの反逆やシェニエの反骨、マッダレーナの自由さなど「革命」を匂わせる人物設定をはじめ、夜会の場面で第三階級によるアンリ四世の胸像への冒瀆《ぼうとく》事件が報告されるなど、革命前夜の慌《あわ》ただしい雰囲気が織り込まれているし、革命が進行して後の第二幕以降には、歴史上の人物も（舞台上、せりふを含めて）ひんぱんに登場する。ロベスピエールは舞台にこそ出てこないが第二幕冒頭で名前が出るし（演出によっては舞台に登場する）、第三幕の冒頭で演説をぶつマテューも、革命法廷でシェニエたちに死刑の判決を下す検事フーキエ・タンヴィルも、実在の人物だ。

ジェラールの弁護の甲斐もなくシェニエにはあっさり死刑の判決が言い渡されるが、一七九三年の三月に設立された革命法廷は、地方の反体制分子をパリに集めて一気に裁くため、九四年の六月施行された新しい法律によって、弁護も証人喚問も具体的証拠も不要、状況証拠で判決が下せるという無茶な機関と化していた。冷酷《れいこく》だと評判だったフーキエ・タンヴィルは実際にこの時期の革命法廷で活動し、シェニエに死刑宣告を下している。ちなみに恐怖政治の最初の犠牲者とされるマリー・アントワネットや、うら若き女性でありながらジャコバン派の大物マラーを殺害し、「暗殺の天使」と称されたシャルロット・コルデ、そしてかつてはロベスピエールの同僚だったこれもジャコバン派の大物ダントンに死刑宣告を下したのもタンヴィルだった（タンヴィル自身も後に処刑される）。第四幕で登場する牢番《ろうばん》のシェパードも、サン・ラザールの監獄にいた人物だ。史実でシェニエとともに断頭台に上ったルーシェは、オペラのなかではシェニエと死ぬ代わりに、牢獄にいる彼に面会に現れ、彼の最後の詩、つまりシェニエの辞世のアリアを聞き届ける役目を果たすのである。

ロベスピエールの恐怖政治は、対外的には君主制を守りたいヨーロッパ諸国との戦争、国内的には内乱と、騒然とした時勢のなかで、国民を団結させるために形作られた。当然ながら「祖国」や「愛国心」が美化されたが（今日なお権力者の常套《じょうとう》手段だろう）、第三幕で、唯一の身寄りである孫を「国」に差し出す老婆マドロンの行動も、時代の空気をみごとにあらわしている。また随所に革命歌（たとえば第四幕では、後に国歌〈ラ・マルセイエーズ〉へと昇格する〈ライン軍のための戦いの歌〉が聴かれる）が挿入されているのも効果的だ。

実際イッリカは、かなり厳密に時代考証を行った形跡がある。台本を書くにあたって重要な参考資料としたのは、およそ一万五千件にのぼる資料を駆使《くし》して編《あ》まれ、フランス革命に関する最初の重要な歴史書とされる、ゴンクール兄弟の『大革命期のフランス社会史』（一八五四）だった。この手の細かい時代考証は、その後も台本作家イッリカの長所となっている。

歴史的な部分を抜きにしても、《アンドレア・シェニエ》の台本はよくできている。劇的展開が自然で、オペラならではの効果的な場面――合唱を活用した第三幕の革命法廷など――にも事欠かない。もちろん、ジョルダーノの音楽がこの作品を傑作にしている面は否定できないが、台本作者イッリカの功績は、かなり大きいといえるのではないだろうか。

理想の芸術家像を投影した台本作家

オペラの「作者」は、今日では通常作曲家がクレジットされる。たとえば《椿姫》なら、作者として大書されるのは作曲したヴェルディであり、台本を書いたフランチェスコ・マリア・ピアーヴェではない。作曲したヴェルディのほうが権限が強く、題材も自分で選び、ピアーヴェの台本を厳しくチェックしてダメ出しをしていたのだ。その例にならえば、オペラ《アンドレア・シェニエ》の作者は、作曲したウンベルト・ジョルダーノということになる。

だが、《アンドレア・シェニエ》の物語に関していえば、《椿姫》と違い、台本作者のイッリカの権限のほうが大きかったと思われる。というのもイッリカは、当時のイタリア・

オペラ界ではジョルダーノよりはるかにベテランであり、有名人だったのだ。この作品の人気が「フランス革命」という時代背景や主人公の英雄的生涯にもあるとしたら、それはイッリカの功績だろう。

実はイッリカには、伝説的詩人に共感する下地が多分にあった。ジョルダーノよりちょうど一〇年年長のイッリカは、ピアチェンツァの近くの小さな古都カステッラクアートの公証人の息子に生まれた。イタリア統一と前後して少年時代を過ごし、愛国的な思想を抱いて成長。ロシア・ルーマニア連合軍とオスマン・トルコが戦火を交え、オスマン・トルコをヨーロッパから撤退させるきっかけになったプレヴェン（現ブルガリア）の戦いに義勇兵として従軍したことは、血気盛んなイッリカを象徴するエピソードだ。女性関係も派手で、決闘騒ぎに発展し、耳を負傷したこともある（戦いで怪我したという説もあるようだが、

イッリカの生家。現在は casa illica という名前のホテルになっている

色恋沙汰の結果というのが本当らしい）。

復員後はジャーナリズムの世界に入り、ミラノで『コリエーレ・デッラ・セーラ』の記者として活躍。その後一時はボローニャに暮らし、雑誌『ドン・キショット』を創刊して健筆を振るった。当時ミラノでは、イタリア統一が結果的にサルディーニャ王国のイタリア化にすぎなかったことに幻滅した若い知識人が、芸術至上主義を唱え、ボヘミアン的な生活を送る「スカピリトゥーラ」と呼ばれる一派を形成していたが、イッリカはそこにも属している（このときの経験は、この手の芸術家の生活を描いた《ラ・ボエーム》の台本に結実している）。

記者生活のかたわら、イッリカは少年時代から手を出していた劇作も本格的に始め、戯曲作家としても知られるようになる。名声を一躍高めたのは、実質的なオペラ台本作家デビューとなった《ラ・ワリー》（カタラーニ作曲）の大ヒットだった。この成功を受け、イタリア・オペラ界最大の実力者である出版社リコルディの社長が、イッリカと契約を結んだのだ。以後イッリカは、プッチーニの出世作となった《マノン・レスコー》（ただし共作。一八九三年初演）、流行の「ジャポニスム」をはじめてイタリア・オペラで取り上げたマスカーニの《イリス》（一八九八年初演）などヒット作を連発。三六作のオペラに台本を提供した。ジョルダーノが《アンドレア・シェニエ》の作曲をすると決まったころは、ベテランのジュゼッペ・ジャコーザとともに、前述のプッチーニ《ラ・ボエーム》の台本に取り組んでいた。ジャコーザと共作したプッチーニのいわゆる「三大傑作」――《ラ・ボエーム》《トスカ》《蝶々夫人》は、イッリカの代表作として知られている。

そんな経歴を持つイッリカが、憂国の詩人シェニエに惹かれたのは想像にかたくない。オペラに見られる英雄的な詩人の像は、多分にイッリカ自身の理想の芸術家像の投影なのではないだろうか。第四幕でシェニエは辞世のアリア〈五月の美しい一日〉を歌い、「詩」を女神にたとえて賛美するが、イッリカの心中の代弁と考えても不思議ではない。また第三幕のシェニエのアリア〈私は兵士だった〉では、兵士の過去を持つ文筆家であるシェニエの誇りと祖国愛が吐露されているが、これもまたイッリカの人生と重なる。

イッリカの心情は、シェニエのみならず架空の人物で敵役のジェラールにも投影されているように思われる。第三幕でジェラールは、名アリア〈祖国の敵〉に託して、かつて貴族階級を憎み、その支配から脱することを願った彼が、今は「主人を変えただけ、仕えていることは同じ」とわが身の境遇を嘲《あざけ》り、革命の狂気と欺瞞《ぎまん》に気づいていることを告白するが、これもイタリア統一後の混乱期に文筆家として生きたイッリカの心情と無縁ではないだろう。《アンドレア・シェニエ》は彼にとって、かなり自分の思想を盛り込めた器だったように思われる。

一方、薬剤師の家に生まれ、ナポリ音楽院に学んだジョルダーノは、二三歳のとき、出版社ソンツォーニョの主催するオペラコンクールに応募した処女オペラ《海辺》がきっかけでソンツォーニョの後援を受け、さらに二作のオペラを作曲したものの鳴かず飛ばずで、援助の打ち切りが検討される苦境に立たされていた。それを見かねたアルベルト・フランケッティという裕福な作曲家が、自分が持っていたメリの『アンドレア・シェニエ』のオペラ化の権利をジョルダーノに譲ったのである。フランケッティは、フランス革命を扱っているため成功は堅いと踏んだという。これを逃したらお先真っ暗のジョルダーノに、断る理由などあるはずもなかった。

《トスカ》との違い

同じ歴史ものでありながら、《トスカ》では、イッリカはしばしば自分の意見を控えなければならなかったようだ。

《トスカ》の物語や設定には、《アンドレア・シェニエ》と多くの共通点がある。男性主人公は芸術家で、恋敵の男性（バリトン）が、恋人の命と引き換えにヒロインに身体を要求するなど……。とくに第三幕は、《アンドレア・シェニエ》の第四幕によく似ている。牢獄に捕われている芸術家の主人公。彼は辞世の歌を歌い、そこに恋人が現れる……。

だが《トスカ》で歌われる有名な辞世のアリア〈星は光りぬ〉に、「芸術」の影はない。あるのはただ恋人への「愛」だけだ（当初イッリカが書いた歌詞をプッチーニが気に入らず、書き直した経緯は、《トスカ》の章で触れた）。

《アンドレア・シェニエ》と異なり、《トスカ》では作曲家と台本作者の地位が逆転していた。《マノン・レスコー》《ラ・ボエーム》と立て続けにヒットを連発していたプッチーニは、向かうところ敵なしの勢いだった。彼をマネージしていた出版社のリコルディにとって、プッチーニはポスト・ヴェルディの打出の小槌になっていたのだ。

〈星は光りぬ〉の例が示すように、オペラに対する考えが違っていたプッチーニとイッリカはしばしば衝突したが、最終的にはプッチーニの意見が通ることがほとんどだった。イッリカにとっては《アンドレア・シェニエ》のほうが、はるかに本懐を遂げた作品だったのではないだろうか。

推薦ディスク

◆カレーラス、マルトン、カップッチッリほか　シャイー指揮　プッジェッリ演出　ミラノ・スカラ座管弦楽団、合唱団　ワーナーミュージック全盛期にあった主役三人の壮絶な「歌」のバトルが楽しめる。

◆デル＝モナコ、テバルディ、プロッティほか　カプアーナ指揮　ノフリ演出　NHK交響楽団、NHKイタリア・オペラ合唱団ほか（モノクロ）　NHK
二〇世紀の名歌手、デル＝モナコとテバルディが一九六一年に日本で共演した、伝説的公演のライブ録画。

二　恐怖政治下の受難劇――カルメル会修道女の対話

《カルメル会修道女の対話》

作曲　フランシス・プーランク
台本　ジョルジュ・ベルナノス（作曲家により改訂）
初演　一九五七年　ミラノ、スカラ座

あらすじ

一七八九年四月、フランス革命勃発三ヶ月前のパリ。ド・ラ・フォルス侯爵家の娘ブランシュは極度の心配性に生まれついていたが、それは暴徒に襲われた馬車から命からがら逃げ出し、家にたどりついて産気づいた母から生まれ落ちたせいだと思われていた。母はブランシュを産んですぐ亡くなってしまったのだ。革命前夜の不穏《ふおん》な空気が漂《ただよ》うある夜、壁に投影された従僕の影に怯えたブランシュは、自分の性格では俗世間では生きて行けないと、カルメル会の修道院に入る許しを父に乞う。コンピエーニュのカルメル会修道院を訪れたブランシュは、「キリストの死の苦しみのブランシュ」という修道女名を希望し、かつて同じ修道女名を名乗った修道院長から入会を許される。病身の修道院長は、ほどなく壮絶な苦しみの果てに神を呪って絶命。キリスト者らしからぬ逝き方に周囲は戸惑《とまど》うが、若く陽気な修道女コンスタンスは、誰か他のひとの辛い死を引き受けたのではないかと漏らす。

新しい修道院長を迎えた修道院に、革命の火の粉が降りかかろうとしていた。政府は修道院の解散と建物の売却を決め、司祭も追放される。修道女一同はカルメル会の存続と祖国の救済のために殉教《じゅんきょう》を決意するが、怯えたブランシュは逃亡。侯爵家に戻ったものの、父の侯爵は処刑され、ブランシュは屋敷を占拠した暴徒たちの下女に身を落とす。

民間に潜伏しながらも信仰を守っていた修道女たちは、革命に背《そむ》いて修道生活を送った罪で逮捕され、死刑の宣告を受けた。聖母をたたえる聖歌を歌いながら、ひとりずつ断頭台に赴く修道女たち。最後に残ったコンスタンスが断頭台に上ろうとしたとき、群衆のなかからブランシュがあらわれる。不安を克服した彼女は、最後のひとりとして断頭台へと上るのだった。

美しさと残酷さを併せ持つ音楽

フランス革命の恐怖政治下における迫害。《アンドレア・シェニエ》と《カルメル会修道女の対話》は、その悲劇を扱った点で共通している。だがそこにつけられた音楽は、大げさに言えば天と地ほど違う。咆哮《ほうこう》する音楽に鼓舞されるように、恋人と英雄的に「心中」するシェニエとは対照的に、《カルメル会》の最後は静寂が支配するのだ。断頭台に赴く修道女たちが歌う〈おお　天の元后（サルヴェ・レジーナ）〉の声は、ギロチンの刃が落ちる音が聞こえるたび、ひとつずつ消えてゆく。群衆のなかからあらわれた最後の犠牲者ブランシュは、〈来れ、創造主にまします聖霊よ（ヴェニ　クレアトール　スピリトゥス）〉をほぼ無伴奏で口にするが、それも途中で断ち切られる。一瞬の静寂。そして群衆のあいだに、声にならないうめき声がわき起こる……。

心に滴《したた》る涙を感じずにはいられない幕切れ。主人公の運命に同情して流すようなベタな涙ではなく、心に下りるガラスの碇《いかり》のような涙、冷たく鋭いと同時にかすかな希望が感じられるような涙を。それは、受難劇を観た（聴いた）ときに心の扉を叩くような涙ではないだろうか。

幕切れだけではない。《カルメル会修道女の対話》の音楽では、美しさと残酷さが終始背中合わせになっている。ときに淡々と会話に寄り添い、ときに衝撃的にその場の状況や人物の感情を描写しつつ、どこまでも透徹した、透明度の高い音楽。それは、信仰というピュアな情熱をよりどころに、従容《しょうよう》として死に赴く修道女たちの悲劇をあらわすのにふさわしい。

カルメル会修道女の悲劇は史実である。「革命の歴史のなかでもっとも暗い一ページ」（原作者のル・フォール）が、このような個性的なオペラへと変貌するには、史実によりながらも自らの心を重ね合わせた作者たちの、時代に翻弄《ほんろう》された心のドラマがあった。小説『断頭台の最後の女』を書いたゲルトルート・フォン・ル・フォール（一八七六～一九七一）、それにもとづいて映画のシナリオを著したジョルジュ・ベルナノス（一八八八～一九四八）、そしてオペラ《カルメル会修道女の対話》を作曲したフランシス・プーランク（一八九九～一九六三）である。とくにル・フォールとプーランクにとって、追いつめられてゆく修道女たちの苦難はひとごとではなかったようだ。

恐怖政治下の処刑

《アンドレア・シェニエ》も《カルメル会修道女の対話》も、恐怖政治がピークに達した時期の物語である。シェニエは恐怖政治の中心人物だったロベスピエールがクーデターで倒される三日前に断頭台に消えたが、パリの北八〇キロにある古都コンピエーニュのカルメル会修道女たちの処刑はクーデターの一〇日前だった。一七九四年の六月一〇日に施行された「草月《プレリアール》二二日法」で、反革命のかどで手当たり次第に投獄、処刑できるようになってから、同年七月二八日にロベスピエールが倒れるまでのわずか一ヶ月半ほどの間に、一三七六人が断頭台の露と消えたのだ。反革命分子をさばく革命法廷ができてからの被害者の合計がおよそ二八〇〇人なのだから、狂乱ぶりがうかがわれる。弁護士出身のロベスピエールは、理想家肌で腐敗を受けつけず、そのため民衆から支持されたが、彼の原理主義者的な面が突出してしまった結果が恐怖政治だったのかもしれない。死の苦しみを一瞬で終わらせる「人道的」な機械として開発されたというギロチンが、その精確さと仕事の早さのためにかえって死者を激増させたのは皮肉である（ちなみにロベスピエールは、革命初期は死刑に反対していた）。

締め付けが厳しければ、反動も大きくなる。揺れの大きな振り子のように。

革命で追いつめられたカトリック教会

フランス革命がカトリック教会をも追いつめたことは、日本ではそれほど知られていないのではないだろうか。だがフランス革命の引き金となった、破綻した財政を再建するために召集された「三部会」が、貴族、聖職者、平民の「三部」で構成されていたように、聖職者という階層はヨーロッパ社会において大きな地位を占めていた。とくにカトリック教会は世俗の権力と結びつき、あるいは自ら世俗権力と化して神の名のもとにそれを行使したから、影響力は甚大だった。カトリックの修道僧だったマルティン・ルターが、カトリック教会の腐敗を糾弾し、聖書にもとづく新しい宗派を提唱して「宗教改革」を起こしたことは象徴的である。

フランス革命も、フランスのカトリック教会にとっては宗教改革に匹敵《ひってき》する激震だった。革命は、政教分離のきっかけを作ったのだ。フランスでも聖職者、とくに高位の聖職者が腐敗していたことは、マリー・アントワネットに高価な首飾りを贈って機嫌を取ろうとした大司教がいたことからもよく分かる。フランス革命の最大の原因は国の財政破綻だったが、その埋め合わせとして真っ先に狙われたのはカトリック教会の財産だった。革命が速度を早めるとともに教会への反発も激化し、宗教活動の停止にまで追い込まれる。修道院は廃止され、略奪《りゃくだつ》された。教会や修道院から追い出された聖職者たちには、「国家公務員」として国から年金が支給され、かろうじて宗教施設に残った宗教者たちの給料は、憲法の一部として定められた「僧侶基本法」により、地方議会が決めるようになった。ミサに始まり、〈テ・デウム（われら神であるあなたを讃えん）〉で締めくくられていた議会はその両方を廃止し、教会と縁を切った。もちろんローマ・カトリック教会は、このような決定を非難している。

だが革命政府は、ローマの抗議など一笑に付した。宗教に代わるものとして「理性」や「道徳」が持ち出され、「国民の祭典」を通じて称揚した。ロベスピエールは、「最高存在の祭典」なるものを考え出し、画家のダヴィッドや作曲家のゴセックを引っぱり出して、カーニヴァルもどきのお祭り騒ぎを演出している。さすがに、受けは悪かったようだが。

後に教会は復権を果たすが、かつての権力を取り戻すことはなかった。権力と一体化した「国教」だったカトリック教会は、その地位を下りることを余儀なくされたのだ。今や「国」の力のほうが教会より強くなる。かつて教会が一手に握っていた人の生死や結婚を取り仕切る権限は、市民の側にも譲り渡された。教会でなく市役所で「結婚」しても認められる社会は、フランス革命がもたらしたのである。

修道院も、貴族と縁が深かった。祈りの場のはずの修道院は、貧乏なあるいは相続権のない貴族の子弟たちの受け皿でもあったのだ。二四歳の若さと清楚《せいそ》な美貌の持ち主だったにもかかわらず、ジャコバン派の大物ジャン・ポール＝マラーを暗殺するという大胆な行為に出て世間を驚かせ、「暗殺の天使」と呼ばれながら断頭台に消えたシャルロット・コルデも、貧乏貴族の家に生まれて修道院に引き取られ、革命で居場所がなくなった身の上だった。

「カルメル会」は、一二世紀にパレスチナの「カルメル山」に住みついた修道士たちによって創始された修道会である。一五世紀に女子修道会も発足するが、一六世紀になって、スペインのアビラ出身の聖テレジアが、靴をはかずにサンダルで生活する質素な「洗足《せんぞく》カルメル修道会」を謳ってからというもの、厳格な規則で知られていた

清楚な美貌から「暗殺の天使」と呼ばれたシャルロット・コルデ（1768〜1793）。フランソワ・セラフィン・デルペッシュによる肖像（部分）

（ブランシュの父の侯爵も、カルメル会に入りたいという娘の願いを、規則の厳しさを理由に心配している）。一方で、王族の落胤《らくいん》を引き取ったり、国王の愛人が入信するなど、王室との結びつきが強い一面も持ち合わせていた。原作者ル・フォールは、「太陽王」と呼ばれたルイ一四世の寵を争ったラ・ヴァリエール夫人とモンテスパン夫人の対決を描く「最後の会見」という短編も著しているが、その舞台はラ・ヴァリエール夫人が入っているカルメル会の修道院である。ルイ一四世の弟に嫁いだドイツはプファルツの大公の娘リーゼロッテ・フォン・プファルツは、膨大な書簡を通して、ヴェルサイユの宮廷生活を歯に衣着せず描写したことで知られるが、彼女もしばしばカルメル会の修道院に足を運んでいたの

だった。

「葛藤」を生きる修道女たち

《カルメル会修道女の対話》には、革命の進行とともに聖職者たちが追いつめられてゆく過程が、史実に沿ってリアルに描かれている。

立ち入り検査を受け、修道院を没収され、立ち退きを迫られて職を追われた司祭を取り巻く修道女たちのドラマを描く音楽は、透明度が高く淡々としているだけに、かえって聴き手に迫ってくる。対照的に、修道服を脱ぐ彼女たちを「市民」になったと祝福する役人を彩る音楽は、皮肉っぽく諧謔的だ。創作された主人公ブランシュを除く一五人の修道女たちは、すべて実名で登場するが（死刑判決のとき、彼女たちの名前がひとりひとり読み上げられる）、これはオペラを作曲したプーランクがわざわざ調べて取り入れたものだ。修道院が没収された後、四つのグループに分かれて民間に姿を隠していた修道女たちは、ひそかに宗教活動を続けていたことが発覚して逮捕され、パリに護送されて死刑の判決を受け、判決が出た当日の一七九四年七月一七日に処刑された。獄中でカルメル会修道女の服を再び身につけた彼女たちは、オペラとは逆に、一番若いコンスタンスがはじめに断頭台に上り、全員を見守る義務を負った院長は最後だったという。たまたまパリに行っていて逮捕を逃れ、生き延びたマリー修道女は、後にこのできごとを『ある報告』として書き残した。《カルメル会修道女の対話》の原作となったドイツの作家ル・フォールの小説『断頭台の最後の女』（一九三一）は、このマリー修道女の『報告』にもとづいている。大きな変更は、架空の人物であるブランシュをヒロインとして加えたことだ（ちなみにブランシュも貴族の娘である）。二〇世紀のドイツを代表するカトリック作家として活躍したル・フォールは、歴史に題材を取った小説を多く発表した。三十年戦争やドイツ農民戦争が背景となっている作品もある。

歴史小説の多くがそうであるように、ル・フォールも歴史を背景として取り入れつつ、普遍的なテーマを追求した。彼女が得意としたのは、集団の暴力にさらされているサイレント・マイノリティを描くことだった。ル・フォールは、創造の産物であるヒロインのブランシュについて、「私自身の内部」から生まれたと回想している。つまりブランシュは、作者の分身として生まれたのだった。

他の修道女たちも、それぞれの葛藤を生きる。死の苦しみに瀕して神を呪う修道院長はその代表だが、それだけではない。殉教を主張するマリー修道女と、それを戒《いまし》めるリドワーヌ新院長。ふたりは結局、自分の望まぬ結末を迎え、それを受け入れる。ブランシュと対照的な快活な性分のコンスタンスは、子供のように無邪気でいながら、「死」を見据えている大人でもある。その全員が、それぞれの受難を経験する（殉教を果たせないマリー修道女は、「名誉」を失うという形で）。この作品のテーマである、大革命という大きな嵐のなかでの個人の心のドラマは、ル・フォールの小説で形作られた。

ル・フォールもまさに、暴力的な時代の入り口を生きていた。小説が発表された一九三一年は、ナチスの影がドイツを覆《おお》い始めた、ちょうどその時代だったのだ。ル・フォールは言う。ブランシュは「終末にむかいゆくひとつの時代全体の死の不安の具現」（『手記と回想』より）として、自分の目の前に現れたのだと。

ル・フォールはカトリック教徒である。それも、プロテスタント（正確には彼女の家系はフランス出身で、同国のプロテスタントであるユグノーだった）から転向したのだ。ル・フォールはその理由を、プロテスタントもまた「母なるカトリックの胎内から生まれ出た」からだと語っている。だがプロテスタントが優勢で、しかも国教だったドイツでは、肩身が狭かったのではないだろうか。

『断頭台の最後の女』が発表されたころは、ちょうどナチス・ドイツが権力への階段を上っていた。ナチスもまたカトリックを敵視し、カトリック教会はしばしばナチ党員から攻撃されたという。一九三三年にナチス・ドイツが政権を握ると、ヴァチカンはナチスと「政教条約（コンコルダート）」を結んで存続を保証してもらうが、迫害が止むことはなかった。「ふるえおののく存在の息吹」（ル・フォール）であるブランシュは、まさにル・フォールが表現したかったものだったのだろう。『断頭台の最後の女』では、ブランシュは断頭台に上らず、処刑の当日群衆のなかで聖歌を口ずさみ、怒り狂った群衆に殴り殺される。小説のブランシュは、オペラよりずっとはかない存在なのだ。

ベルナノスとプーランク、それぞれの苦闘

『断頭台の最後の女』は評判になり、各国で出版された。ほとんどの読者は、この小説を通じてはじめてカルメル会修道女の悲劇と出会った。フランス語版が出た後、フランスから映画化の話が持ち込まれる。シナリオを執筆したのは、フランスのカトリック作家ジョルジュ・ベルナノスだった（ただし原案はレーモン・ブリュックベルク）。「聖性の作家」とも呼ばれるベルナノスは、この題材にのめり込み、死病の床でも執筆に熱中したという（この作品に取り組んだことが、彼の死を早めたという論者もいる）。ベルナノスは、ル・フォールの物語によりながら、重要な変更をいくつか行った。ブランシュの兄で、「修道院は危険だから」とブランシュを家へ連れ帰ろうとする騎士ド・ラ・フォルスは、ベルナノスの手によって誕生している。もっと本質的なことは、ブランシュが文字通り「最後の女」として堂々と断頭台に上る幕切れである。それは、院長がブランシュの死の苦しみを引き

受けた結果導かれたものだが、この成り行きはベルナノスが考え出したものだった。ベルナノスのシナリオを読んだル・フォールは、この点は自分の意図と違うとはっきり指摘している。

ベルナノスの作品で起こったこの重要な転換。そこに、第二次世界大戦がもたらした彼の思想の変化が投影されていると解釈する研究者もいる。松浦寛氏によれば、ベルナノスは、金権的な体質だと考えていたユダヤ人に批判的な立場をとっていた作家だったが、第二次世界大戦でナチス・ドイツの反ユダヤ主義を体験した結果、ユダヤ人が二千年にわたって「忍耐」してきたことの栄誉をたたえる立場へと変貌したのだ。その原理は、ユダヤ人の「忍耐」が、イエスの「受難」と置き換えられうると考えたことだった。ちょうど、院長の死とブランシュのそれが置き換えられたように。

ベルナノスはたしかに、この作品に取り組むことによって、死の淵へと追い込まれ、そして浄化されたのかもしれない。

結局、シナリオは映画化されなかった。あまりにも長過ぎ、複雑すぎるというのがその理由だったらしい。原稿はそのままベルナノスの書斎で眠りにつき、彼の死後しばらくたって発見された。シナリオは『カルメル会修道女の対話』とタイトルを変えて出版され、戯曲の形で、スイスのチューリヒでドイツ語訳により舞台での披露を果たした。

プーランクが『カルメル会』のシナリオに出逢ったのは偶然だった。スカラ座からバレエの作曲を依頼され、それよりオペラをと望んだ彼に、イタリア最大の音楽出版社リコルディの社長が題材として持ってきたのが、ベルナノスの『カルメル会』だったのだ。プーランクにとってはすでにパリで舞台を見ており、書籍としても知っている作品だったが、恋愛もない地味な物語をオペラ化できるかどうか、初めはとまどったらしい。けれどシナリオを読み始めた彼は、第一幕の修道院長の台詞に「旋律線《せんりつせん》」を発見して夢中になる。プーランクは自ら、ベルナノスのシナリオを再構成してオペラの台本を制作した。

しかしこの題材は、プーランクを熱中させ、そして消耗《しょうもう》させた。やはりカトリックで、宗教音楽も少なくないプーランクにとって共感できる作品でもあったと同時に、作品の持つ暗い色調に圧倒されてしまうこともしばしばだったからだ。修道院長の死を、プーランクは「自分の死」のように受け止めたという。

私生活上の困難も立ちふさがった。プーランクは同性愛者だったが、以前からの恋人がいながら、しばらく前に出現した新しい恋人リュシアンとの逢瀬《おうせ》を楽しんでいた。リュシアンはプーランクとつき合い始めて離婚してしまったのだが、プーランクは《カルメル会》の創作の秘密はリュシアンにある、などとのろけている。そのリュシアンが、がんにかかってしまったのだ。プーランクはパニックになり、「がんノイローゼ」に陥った。困難はそれだけではなかった。原作のオペラ化の権利をめぐり、訴訟騒ぎが起こって泥沼化する。金銭的な解決も図られたが、上演のたびにクレジットを入れることも余儀なくされ、プーランクはひどく憂鬱《ゆううつ》になった。

ル・フォールとほぼ同時代人だったプーランクは、戦争とも無縁ではなかった。裕福な家庭で何不足なく育ったプーランクは、政治的なことにはあまり関心がなかったとされているが、二度の大戦ではいずれも兵役にとられている。とりわけナチス占領下のパリでは、同性愛者が迫害されていた。《カルメル会》を作曲していた彼に、その体験が影を落とした可能性も無視できないだろう。

二年間にわたる苦闘の末に《カルメル会》は完成するが、その最後の音を書き終えた夜、プーランクは遠く離れて闘病生活をしていた恋人の命の火が消えるのを予感した。彼はいった。「今、リュシアンが逝ったよ」。

プーランクの予感通りだった。まさにその夜、リュシアンはがん末期の苦しみから解放されたのだ。《カルメル会修道女の対話》は、リュシアンの犠牲と引き替えに生まれたのかもしれない。

推薦ディスク

◆シェーン、ヴルガリドゥ、シューコフ、シュヴァネヴィルムスほか　シモーネ指揮　レーンホフ演出　ハンブルク州立歌劇場管弦楽団、合唱団　ナクソス

◆シリヤ、ロバートソン、ゲイヤーほか　ムーティ指揮　カーセン演出　ミラノ・スカラ座管弦楽団、合唱団　アートハウス

記念すべき本作のスカラ座初演の映像。ムーティの美しく劇的な指揮が素晴らしい。

三　大革命後のパリ風俗——椿姫（ラ・トラヴィアータ）

《椿姫（ラ・トラヴィアータ）》

作曲　ジュゼッペ・ヴェルディ
台本　フランチェスコ・マリア・ピアーヴェ
初演　一八五三年　ヴェネツィア、フェニーチェ歌劇場

あらすじ

一九世紀半ばのパリ。売れっ子の高級娼婦ヴィオレッタは、享楽的な生活がたたって結核にかかっていた。街で彼女に一目惚れした田舎出のブルジョワ青年アルフレードは、友人のつてでヴィオレッタのサロンのパーティに入り込み、こんな生活をやめて一緒になろうと彼女をかき口説く。彼の誠意に打たれたヴィオレッタは夜の世界から身を引き、パリの郊外でアルフレードと同棲するが、そこへアルフレードの父ジェルモンが現れて、娘の縁談に差し支えるから息子と別れてくれと迫る。ジェルモンにいわれるまま、本当の理由

を告げずにアルフレードのもとを去るヴィオレッタ。彼女がもとの生活に戻ったと信じたアルフレードは、パトロンと連れ立って娼婦仲間のパーティにやってきたヴィオレッタを、皆の前で罵倒する。

数ヶ月が過ぎた。病が進んだヴィオレッタは、死を待つばかりになっている。唯一の慰めは、息子にすべてを打ち明けたからお詫《わ》びに伺うだろうというジェルモンからの手紙だった。だが待ちに待ったアルフレードが現れたとき、ヴィオレッタの命はもう残っていなかった。続いて訪れたジェルモンも見守るなか、ヴィオレッタは息絶える。

（同じような時代背景を扱ったオペラに、お針子と貧乏詩人の悲恋を描いたプッチーニの《ラ・ボエーム》がある）

革命でも変わらない人間の本性

《椿姫》は、世界でもっとも上演回数が多い人気オペラである（世界の歌劇場の公演を網羅するサイト operabase の統計による）。

筋はたわいない。本書で取り上げた作品のなかでも一番単純なのではないだろうか。娼婦とブルジョワ階級のお坊ちゃんが繰り広げる「身分違いの恋」の悲劇。まるで「新派大悲劇」（古い言葉で失礼！）、今どきアナクロすぎてついていけないといわれたりするが、オペラの「愛」の悲劇の大半は、「身分」か「敵味方」という障害によって起こるもの。とりわけ「身分」は今なお、ヨーロッパ社会に厳然と存在している。ヨーロッパの女性誌のゴシップ欄は、いまだに「貴族」たちの記事で埋めつくされているのだから。

《椿姫》の舞台は一九世紀半ばのパリ。フランス革命によって、身分社会は激震を経験したはずだった。《椿姫》にも、その刻印は明らかだ。一八世紀の「身分違いの恋」の定番だった貴族と小間使いの代わりに、ブルジョワの子息と娼婦。この図式は、まさに革命後のものだった。

だがその背後には、社会が変動しても変わらない人間の本性が見え隠れする。贅沢へのあこがれ、上昇志向、見栄《みえ》、そして金銭への執着……。かつてはひとにぎりの階層に限られていたそんな欲望が剝き出しになり、広く共有された時代、それが《椿姫》の舞台となった一九世紀のパリだった。

体験を小説に仕立てた小デュマ

オペラの原作は、一世を風靡したベストセラーである。作者はアレクサンドル・デュマ。

『三銃士』『モンテ・クリスト伯』など数々のヒット作品をものしたエンタティメント作家で同名のアレクサンドル・デュマの息子である。ふたりを区別するため、父を「大デュマ」、あるいは「デュマ＝ペール（父）」、息子を「小デュマ」、あるいは「デュマ＝フィス（子）」と呼ぶ。『椿姫』は息子デュマの出世作であり、最大のヒット作だった。そして同時に、私小説的な作品でもあった。小デュマは本当に、娼婦と恋に落ちたのだ。小説と違っていたのは、男性主人公がブルジョワ家庭の大切な跡取りなどではなく、破天荒な父の三〇人にのぼるとされた愛人たちの、およそ百人といわれる子供のひとり、それも私生児だったことである。

もうひとつ大きく違うのは、「別れ」の理由だ。ふたりは「世間」を盾《たて》にした父親に引き裂かれたのではなく、「金の切れ目が縁の切れ目」で別れたのである。彼女は「四万フランの借金がありながら、年に一〇万フランも使う女」（原作の小説より。デュマによればこの部分は事実）だった。よほどの資産家でも、愛人に使えるのはせいぜい年に四、五万フランだったというから、マリーがひとりの男ではもたなかったのも無理はない。一説によれば、マリー並みの売れっ子高級娼婦は、日本円に換算して年間二億円程度の維持費がかかったという。複数のパトロンがいて当然だ。無名の文学青年で、かつかつの金利生活をしていたデュマには、後に彼が作品の名前として使ったこの手の「裏社交界（demi-monde（ドゥミ＝モンド）」に出入りするのがやっとだった。本当は、貧乏なデュマがその世界に出入りすること自体がルール違反なのだった。

彼の別れの手紙は正直である。「親愛なるマリー。ぼくは、君を思いのままにするほど金持ちでもないし、君の思いのままになるほど貧乏でもない。だからお互いに忘れることにしよう……」（中山眞彦訳）。

一方マリーは、嫉妬にさいなまれて音信が途絶えがちになった彼にこう書いている。「……やさしくあなたにキッスします。あなたのお気持ちのままに。愛人として、またはお友だちとして。どちらの場合でも、いつもあなたに忠実な、マリーより」（同）。

「私小説」である『椿姫』を書いたアレクサンドル・デュマ＝フィス（1824～1895）

優しげだが、傷ついているようすでもない。マリーは、デュマの前では自堕落《じだらく》な生活を悔《く》いる女を演じていたという。もちろん本心ではなかった。男出入りが止むことはありえなかったし、彼が恋人面をすることなど不可能だった。最後は劇場のギャラリー席が取れないデュマをマリーがなじったことがきっかけで別れたと、デュマは回想している。伊達者《だてもの》たちのあこがれだった売れっ子の夜の女を心身ともに征服するという、かなわなかった、そしてありえなかった夢を、デュマは自らの作品のなかでかなえたのだった。

椿姫ヴィオレッタのモデルとして知られるマリー・デュプレシ（1824〜1847、エドゥアール・ヴィエノ画、部分）

パリ一の高級娼婦、生涯唯一の恋

だがそんなマリーが、短い人生の最後に「恋」におちた相手がいた。フランツ・リスト。一九世紀のパリ、そしてヨーロッパを席巻したスター・ピアニストである。金髪の美男子で、人間業とは思えない技巧と、「嵐」のようだと賛嘆《さんたん》された情熱ほとばしる演奏で、やんごとない身分の夫人たちから町娘まで数えきれない女性たちを失神させた伝説のスターに、マリーはすっかり参ってしまったのだ。

リストも同じだった。マリーの美貌とファッションセンス、それ以上に知的で自在な会話術は天下のスターをも魅了した。この手の女性は好みではないと公言していた彼には、降ってわいたような出来事だった。リストは望まれるまま、彼女にピアノの教授もしている（たぶん楽器もプレゼントして）。

夢のような数ヶ月が過ぎ、リストが宮廷の聖歌隊指揮者をつとめるヴァイマールに戻らなければならなくなったとき、マリーは一緒に連れていってほしいとねだった。これは「身分違い」だった。宮廷音楽家という公職についているリストは、娼婦のマリーを連れ歩くわけにはいかなかったのだ。リストは近い将来、イスタンブールで再会しようと約束する。

おそらく生まれてはじめて恋に狂ったマリーは、リストとの再会を万全にするためにある策を練った。パトロンのひとりで、彼女に夢中だったペレゴー伯爵と「結婚」したのだ。「伯爵夫人」という身分で、リストのもとにかけつけるために。

マリーが生涯唯一恋におちたともいわれるピアニスト・作曲家、フランツ・リスト（1811〜1886）。アンリ・レーマンによる肖像（1839年、部分）

コジマをはじめ複数の子供をもうけた「ダグー伯爵夫人」や、後に結婚直前までいく「ヴィットゲンシュタイン公爵夫人」と張り合えるような、リストの運命の女性となるために。

ペレゴー伯爵を踏みにじってまで見た「愛の夢」を、しかしマリーはかなえることなく世を去った。小説やオペラ同様、彼女が結核を患っていたことはよく知られているが、なぜ結核患者の身で男性と親しくつき合うことができたのかという疑問もわく。しかし当時、結核が空気感染することは知られていなかった。結核菌が発見されたのは、一九世紀も終わりに近づいてからのことである。

《ラ・ボエーム》にも描かれた「パリの風俗」

マリーの生まれ育ちを見れば、公然と連れ歩くのはたしかに難しい。生まれはノルマンディーの寒村。行商人だった父は神父の私生児で、裕福な地主の娘だった母と駆け落ち同然に結婚した。美貌と異性を惹きつける魅力に恵まれていたところは同じだったが、「身分違い」の夫婦にはすぐ亀裂が入る。「悪魔」と囁かれた夫の暴力に悩まされた妻は、ふたりの娘を姉に預け、夫から逃れるようにはるばるスイスまで女中勤めに出て、奉公先で亡くなった。父の元に戻ったマリーは、洗濯屋や宿屋で働かされるかたわら、父の飲み代を稼ぐため、老人に「妾奉公《めかけぼうこう》」に出される。父娘が関係したという噂が後に続く。パリに売り飛ばされることになったのは、故郷にいられなくなったためでもあった。

大都会パリはすべてを隠した。八百屋の下働きから出発したマリーは、「お針子」を経てレストランの店主の愛人になる。舞踏場で若き公爵に見初められるまで、時間はかからなかった。公爵に礼儀作法を仕込まれたマリーは、たおやかな美貌と、ファッションリーダーとして崇《あが》められるほどの抜群のセンスで、あまたの伯爵や公爵の財布を空にし、きらめく才知で芸術家たちをも虜にして、「裏社交界」の頂点に君臨する。一九世紀半ばのパリには、公に登録されただけでも一千人を超える娼婦がいたが、そのほとんどはマリーのような出自の娘たちだった。マリーは、彼女たちの究極の目標であり、希望の星となったのだった。

さて、パリに出てきたマリーはしばらく「お針子」として働いていたが、これは彼女のような女たちがつく職業の典型だった。「お針子」は、フランス革命後に爆発的に需要が増えた仕事である。かつては貴族の専売特許だった服や帽子を他人に仕立てさせる習慣が、革命を経てブルジョワの間にも定着し、「お針子」が必要になったのだ。家賃の安い屋根裏部屋に暮らす彼女たちは、汚れが目立たないように灰色（gris）の服を着ていたため「グリゼット（grisette）」と呼ばれた。そのような境遇から脱《ぬ》け出すため、グリゼットたちはしばしば女の武器を使った。金持ちや貴族のパトロンが見つかればいうことなし。一方で、学生や地方から出てきた裕福な青年たちにとって、グリゼットは一時のアヴァンチュールの相手にうってつけだった。

パリの屋根裏部屋に住む芸術家の卵たちと「お針子」の悲恋を扱ったプッチーニの人気オペラ《ラ・ボエーム》は、そんな「グリゼット」の物語である。《椿姫》のヒロイン同様結核にかかり、恋人の腕のなかで事切れる《ラ・ボエーム》のヒロインは、貧乏詩人の恋人を一途に思う設定だが、貧しくては病も治らないと、恋人の了解を得て「子爵」の世話になる（オペラではうまくぼかされているが）。ふたりの出会いの場からして、ヒロインが夜中に火を借りに青年の部屋を訪れるというあからさまな設定なのだ（良家の子女は、夜中に独身男性を訪れるような環境にはない）。実際、このように演出された「出会い」は日常茶飯事だった。オペラではあまり目立たないが、《ラ・ボエーム》のヒロインは、できたばかりの恋人にすぐ物をねだっている。ひとつめの帽子は買ってもらえたが、その後ねだったアクセサリーは、「金持ちの叔父がいるから、そのうち遺産が入る」とかわされた。新しい恋人は貧乏詩人だったが、彼もそのあたりの機微は分かっていたのだろう。

「恋愛」は結婚のあとで

だが《椿姫》のヒロイン同様、グリゼットが恋人の正式な妻になることはまずなかった。フランス文学者の鹿島茂氏によれば、フランスの、とくに上流階級における結婚は、二〇世紀初めまで「家」同士、階級同士、もっと言えばお金とお金の問題であり、愛情の問題ではなかった。親同士が条件交渉をしてたどりつくのが結婚であり、花嫁は処女であるのが絶対条件。いくら美しくて賢くとも、赤貧洗う階級から出てきた娼婦が「妻」の座につくことは、（常識では）許されない。《椿姫》の恋人の父親が、ふたりを引き裂こうとするのは当然だった。そうしなければ、彼も彼の一家も、自分の属する階級から追放されてしまう。父親はむしろ常識人だったのだ。

このような世界では、「恋愛」はむしろ結婚後の出来事。マリーのような高級娼婦は、そのような結婚後恋愛の相手として理想的だった。そしてマリーが、おそらくリストのために「伯爵夫人」となったのは、結婚後なら恋愛できるというこの上流階級ルールにもぐりこもうとしたからかもしれない。

デュマの『椿姫』は、このような常識を逆手に取った純愛物語として誕生した。「結婚」では生まれようもない「愛」に、多くのひとびとはあこがれたのである。『椿姫』が大ヒットしたのは、そんなあこがれのなせるわざでもあったのだろう。

『椿姫』でデュマがめざしたもの

デュマの小説がヒロインを美化していることは前に触れたが、その理由はおそらく、恋人がモデルだったためだけではない。デュマの母親は「グリゼット」だった。デュマの

『椿姫』が彼女たちのような境遇の女性に肩入れしているのは、母親への思いも関係している。デュマは『椿姫』を通して、道を誤った女たちを、その境遇ゆえに蔑む世間を告発したのだった。もっとも、「穢《けが》れた場に身を置く清らかな女性を救い出す」というテーマは、一九世紀の男性芸術家たちに好まれたテーマではあったのだけれど。

急速に発展した資本主義と、「金」に物をいわせる当時の風潮も標的だった。一九世紀に次々に建てられた豪華な劇場は、この世紀に舞台に躍り出たブルジョワ階級の社交の場であり、彼らがかつての貴族と肩をならべたと錯覚《さっかく》できる出世の場だった。いまや彼らは、革命前はもっぱら王侯貴族の特権だった「愛人」も手に入れられるようになっていた。娼婦あがりに「伯爵夫人」の称号を与えて公然の寵姫としたルイ一五世のまねごとも、金の力さえあれば不可能ではなくなったのだ。マリーをはじめてその道に引き入れたレストランの店主のように。

マリーのような娼婦にとって、劇場は顔見せ営業の場所だった。マリーはいつも、自分の好きな白い椿の花を桟敷《さじき》の手すりにおいて目印にした。月のうち数日は、椿の色が赤に変わった。今日は営業できないという露骨な知らせだった。

「道を誤った女」(ラ・トラヴィアータ)が生きた愛

ヴェルディのオペラでは、ヒロインの美化はいっそう顕著だ。小説にはヒロインの育ちの悪さや、彼女たちを「犬のよう」だと軽蔑する男たちの視線も書き込まれているが、オペラではほとんどカットされている。ヒロインのヴィオレッタを非難するのは恋人の父親だけで、他のひとびとはヒロインに同情的にふるまう。

検閲を意識した、という面もあるだろう。舞台に載せる作品は、題材が決まった時点で検閲を受けなければならなかった。文字を読める層はごく限られていたため、劇場の果たす役割や影響がきわめて大きかったからである。しかしヴェルディにも、デュマと同じようなヒロイン美化の理由がないでもなかった。そのころ同棲していた恋人は、本書でもたびたび触れてきたスキャンダラスな過去を持つもとプリマドンナ、ジュゼッピーナ・ストレッポーニだったのだから。

歌手時代のジュゼッピーナ・ストレッポーニ（1842年ごろの肖像）。手にしている楽譜は《ナブッコ》。髪に椿の花を挿している

劇場は、いかがわしい世界だった。

売れない歌手や女優は、一歩間違えば娼婦になりえた（そのあたりの事情は、パリの娼婦を主人公にしたゾラの小説『ナナ』に詳しい）。ジュゼッピーナは作曲家の娘で、育ちもまともなら知性にも恵まれていたが、賭博《とばく》場をかねることもあった劇場という世界に染まって道を踏み外した。後に正式にヴェルディの妻となっても、ジュゼッピーナの過去に後ろ指をさすひとは絶えなかった。

実はふたりが最初に同棲したのはパリでのこと。オペラの恋人たちはパリの郊外で同棲している設定になっているが、似たような場所に愛の巣を構えたこともある。

《椿姫》をオペラ化するにあたって、ヴェルディはタイトルをいったん《愛と死》に決める。だが最終的に、タイトルは《道を誤った女（La traviata）》となった（ほぼすべての国でこのタイトルで上演されているが、なぜか日本では原作の翻訳時のタイトルがオペラのタイトルとして定着している）。女としての道を踏み外した娼婦は、罰として病を得、このような結末を迎えるのだと謳って、検閲を通りやすくするための配慮だったらしい。

しかしオペラを観た観客が心を動かされるのは、ヒロインが受けた「罰」より、全身全霊をかけた「愛」だろう。時代や国境を問わず心を揺さぶるその「愛」は、現実にはまず存在しないからこそ、描きやすくもあったように思える。

推薦ディスク

◆ゲオルギュー、ヌッチ、レパードほか　ショルティ指揮　エア演出　ロイヤルオペラハウス管弦楽団、合唱団　デッカ

スタンダードな映像。ゲオルギューの美貌とヌッチの歌役者ぶりが印象に残る。

◆チョーフィ、サッカ、フヴォロフトフスキーほか、マゼール指揮　カーセン演出　フェニーチェ歌劇場管弦楽団、合唱団　コロムビア（初演の劇場における、初演版〔現在上演されているのは一八五四年に行われた再演版が主流〕による上演）

娼婦の物語を現代のリアルなドラマとしてよみがえらせたカーセンの演出が注目された。主役のチョーフィも熱演。

あとがき

私たちは誰でも、時代を、歴史を生きている。

戦後七〇年の今年、日本はひとつの曲がり角を曲がった。夏から秋にかけて、憲法を無視した法案の強引な審議と採決が、それに抗《あらが》う声が、国会議事堂の中と外にこだました。けれど曲がり角は、とつぜん出現したわけではない。国会内で多数を占める勢力は、自分たちの目指す方向を実現するため周到に準備を重ねてきた。一方で、ささやかな広がりながら組織とは無関係な個人も多く声をあげたのは、上から与えられたものとはいえ、戦後日本がすすんで受け入れてきた民主主義的な価値観が、それなりに浸透してきた結果だと思う。

創作者もみな、それぞれの時代を生きている。作品の背景を調べながら、しばしば自分の生きている時代を考えた。芸術作品が「検閲」と闘ったことがよく話題になるのは、私たちが「検閲」のない時代に生きていることが前提になっているからだ。今、メディアが権力の介入を恐れ、自主的な「検閲」に走っているのは、やはり時代が曲がり角に差しかかっているからだろう。《ボリス・ゴドゥノフ》が描く動乱のロシアで、権力側に動員されたり、空気で動いたりする民衆の姿には、ネットに蔓延《まんえん》する「バッシング」を生み出す不寛容で荒涼とした空気が重なって見える。フランス革命のような大動乱の直接の引き金が財政破綻だったというのも、ひとごととは思えない。《ボリス》の創作者ムソルグスキーや、《カルメル会修道女の対話》の原作者ル・フォールも、自分の生きていた時代と作品の時代とを重ね合わせていたように思う。だからこそ、作品に独特の迫力が感じられるのではないだろうか。

今の日本もまた、何かの「前夜」なのではないだろうか。後世は今の時代を、どう振り返るのだろうか。

筆者のささやかな人生で最大の体験のひとつは、留学中、ベルリンの壁の崩壊を（現場にはいなかったが）間近で感じたことである。「壁」崩壊の前年である一九八八年、初めて訪れた旧東独は、「鉄のカーテン」の向こうにある灰色の牢獄だった。旧知の知人も新しくできた友人も、その一年後に「壁」がなくなるなど想像もしていなかった。だからこそ、「壁」が崩れたときの喜びは大きかった。それも、血を流すことなく。血を流さないで争いを克服したとき、人間はそれを誇りに思う。それをまざまざと目の当たりにしたことは感動的だった。冷戦が終わり、平和が来る。それを夢見たひとも少なくなかったはずだ。

だが冷戦の勝者である資本主義は、その後モンスターと化していった。経済と効率がすべてに優先され、命や安全は軽くなった。冷戦の終焉《しゅうえん》で縮小されるはずだった軍需産業はとりわけ9・11後に新たな市場を開拓し、3・11でさらけ出された原発の危機は放置された。安全保障や公共の利益を理由に、知る権利は制限され、考え行動する自由も脅かされている。その荒野を作り出している、資本主義という名前の怪物。今、テロが頻発しているのは、このような状況と無関係ではない。初秋の国会前の状況がとつぜん生まれたわけではないのと同じように、パリのテロの背後には激しい、そして濁った伏流水がある。

この国は、どうなってしまうのだろうか。一九八八年の旧東独で、何度もそう思った。

私たちは、どこへ行くのだろうか。二〇一五年の日本で、そう思う。そして、この本を書き終えて思う。後世は今の時代を、どう振り返るのだろうか。

本書に収録した作品については、筆者がヴェルディを偏愛しているせいもあり（前著はやはり平凡社新書から出していただいた『ヴェルディ』〔二〇一三〕）、またヴェルディの作品に大河ドラマ的なものが多いため、彼の作品が多くなってしまった。ご了解いただければ幸いである。筆者の力不足、勉強不足もあり、一九世紀オペラのもう一方の雄であるワーグナーをはじめ（たとえば《ニュルンベルクのマイスタージンガー》は歴史オペラとして考証しうる）、取り上げられなかった作品が多々あるのは残念だ。続編を書く機会を与えられたら、ぜひ挑戦したいと思っている。

平凡社の福田祐介さんには、企画の段階から大変お世話になりました。この場を借りてお礼申し上げます。また初校が出てからは岸本洋和さんのお力添えをいただきました。時間のない中で丁寧におつきあいくださったこと、心より感謝いたします。いつも最初の読者になってくれる連れ合いや、エールを送ってくれる家族、本書を楽しみにしてくれていた友人知人、そしてこの本を手に取ってくださった読者の方々にも、深い感謝を捧げます。

執筆の過程で、《シモン・ボッカネグラ》の章で紹介したヴェルディとジュゼッピーナの末裔、シモーネ・フェルマーニ氏に巡り会えたのは望外のできごとだった。氏と知り合えたのは、実はフェイスブックのおかげ。フェイスブックでつながったオーストリア在住のチェンバロ奏者、大村圭子氏の紹介である。これもまた、時代のおかげ。

二〇一五年一一月

加藤浩子

参考文献抄

概説

西原稔『世界史でたどる名作オペラ』東京堂出版 2013

第一部

高山博『中世シチリア王国』講談社現代新書 1999
ヴェルガ『カヴァレリーア・ルスティカーナ 他十一篇』河島英昭訳 岩波文庫 2002
ヒバート『ヴェネツィア』上・下 横山徳爾訳 原書房 1997
ベック『ヴェネツィア史』仙北谷茅戸訳 白水社 文庫クセジュ 2000
塩野七生『海の都の物語――ヴェネツィア共和国の一千年』1〜6 新潮文庫 2009
永竹由幸『ヴェルディのオペラ――全作品の魅力を探る』音楽之友社 2002
髙崎保男『ヴェルディ全オペラ解説』Ⅰ〜Ⅲ 音楽之友社 2011〜15
シェイクスピア『リア王』福田恆存訳 新潮文庫 1967
ベロンチ『ルネサンスの華――イザベッラ・デステの愛と生涯』上・下 飯田熙男訳 悠書館 2007
ブラントーム『艶婦伝』小西茂也訳 新樹社 1948
ユゴー『ユーゴー全集 第4巻』福士幸次郎ほか訳 本の友社 1992

白崎容子『オペラのイコノロジー4トスカ』ありな書房 2008
チャンパイ、ホラント編『名作オペラ・ブックス4トスカ』音楽之友社 1998
長木誠司責任編集『季刊 エクスムジカ第5号 もっとヴェルディ！（特集ヴェルディとイタリア・ナショナリズム）』ミュージックスケイプ 2001
Simone Fermani, Giovanni Fermani, *Giuseppe Verdi e la trovatella di Ferrara*, Monaco, 2015
Mary Jane, Phillips-Matz, *Verdi a Biography*, Oxford and New York, 1992
Gaia Servadio, *The Real Traviata*, London, 1994
Frank Walker, *The Man Verdi*, Chicago, 1962

第二部

指昭博編『ヘンリ8世の迷宮——イギリスのルネサンス君主』昭和堂 2012
フレイザー『ヘンリー八世の六人の妃』森野聡子他訳 創元社 1999
シラー『悲劇 マリア・ストゥアルト』相良守峯訳 岩波文庫 1957
ツヴァイク『メリー・スチュアート』古見日嘉訳 みすず書房 1998
青木道彦『エリザベスⅠ世——大英帝国の幕あけ』講談社現代新書 2000
石井美樹子『イギリス・ルネサンスの女たち——華麗なる女の時代』中公新書 1997
石井美樹子『ルネサンスの女王エリザベス——肖像画と権力』朝日新聞社 2001
ストレイチー『エリザベスとエセックス——王冠と恋』福田逸訳 中公文庫 1987
ザノリーニ、バルブラン『ガエターノ・ドニゼッティ——ロマン派音楽家の生涯と作品』高橋和恵訳 東

成学園昭和音楽大学 1998
Egidio Saracino, *Invito all'ascolto di Donizetti*, Milano, 1984
Herbert Weinstock, *Donizetti and the World of Opera in Italy, Paris, and Vienna in the First Half of the Nineteeth Century*, New York, 1979

第三部

シラー『スペインの太子ドン・カルロス』佐藤通次訳 岩波文庫 1955
西川和子『オペラ「ドン・カルロ」のスペイン史』彩流社 2009
江村洋『ハプスブルク家』講談社現代新書 1990
プーシキン『ボリス・ゴドゥノフ』佐々木彰訳 岩波文庫 1957
桑野隆『オペラのイコノロジー3 ボリス・ゴドゥノフ』ありな書房 2000
チャンパイ ホラント編『名作オペラ・ブックス24 ボリス・ゴドゥノフ』音楽之友社 1998
武田龍夫『物語スウェーデン史――バルト大国を彩った国王 女王たち』新評論 2003
武田龍夫『北欧悲史――悲劇の国王 女王 王妃の物語』明石書店 2006
水谷彰良『新イタリア・オペラ史』音楽之友社 2015
Birgit Pauls, *Giuseppe Verdi und das Risorgimento*, Berlin, 1996

第四部

桑原武夫編『フランス革命の研究』岩波書店 1959

立川孝一『フランス革命――祭典の図像学』中公新書 1989
鯨井佑士『アンドレ・シェニエとその時代』駿河台出版社 1998
ル・フォール『ル・フォール著作集3』ル・フォール著作集刊行会訳 教友社 2012
プーランク『プーランクは語る――音楽家と詩人たち』オーデル編 千葉文夫訳 筑摩書房 1994
久野麗『プーランクを探して――音楽と人生と』春秋社 2013
小沼純一『パリのプーランク――その複数の肖像』春秋社 1999
デュマ・フィス『椿姫』新庄嘉章訳 新潮文庫 1971
ブーデ『よみがえる椿姫』中山眞彦訳 白水社 2005

そのほか、新国立劇場のものを中心に、オペラ公演のプログラムに掲載されている論考などを参考にした。

【著者】
加藤浩子（かとう ひろこ）
東京生まれ。慶應義塾大学文学部卒業、同大学大学院修了（音楽史専攻）。大学院在学中、オーストリア政府給費留学生としてインスブルック大学に留学。大学講師、音楽物書き。著書に『今夜はオペラ!』『モーツァルト 愛の名曲20選』『オペラ 愛の名曲20選＋4』『ようこそオペラ!』（以上、春秋社）、『バッハへの旅』『黄金の翼＝ジュゼッペ・ヴェルディ』（以上、東京書籍）、『さわりで覚えるオペラの名曲20選』（中経出版）、『ヴェルディ』（平凡社新書）など。著述、講演活動のほか、オペラ、音楽ツアーの企画・同行も行う。公式サイト：http//casa-hiroko.com/ ブログ〈加藤浩子の La bella vita〉: http://plaza.rakuten.co.jp/casahiroko/

平 凡 社 新 書 7 9 7

オペラでわかるヨーロッパ史

発行日——2015年12月15日　初版第1刷

著者———加藤浩子
発行者——西田裕一
発行所——株式会社平凡社
東京都千代田区神田神保町3-29　〒101-0051
電話　東京（03）3230-6580［編集］
東京（03）3230-6572［営業］
振替　00180-0-29639
印刷・製本—図書印刷株式会社
装幀———菊地信義

ISBN978-4-582-85797-9
NDC 分類番号766.1　新書判（17.2cm）　総ページ256
平凡社ホームページ　http://www.heibonsha.co.jp/